自宅ではじめる ひとりビジネス

仕事は辞めずに、今の自分にできること
からはじめよう!

三宅哲之

ナツメ社

はじめに

あなたは「独立起業」と聞いてどんなイメージを持ちますか？

「イチかバチかの賭けのようなもの。失敗したらすべてが台無し」「成功する人は、特別なアイデアを持っていたり、トップセールスパーソンであったり、会社員としても突出した能力の持ち主だけ」。だから「自分には関係ない別世界の話」。そう思っていませんか？　僕は10年間にわたり、「会社員から自分が理想とする働き方へ変えていきたい」「起業して自分らしく生きていきたい」人を支援してきました。その間2000名を超える「今の働き方にモヤモヤを抱える」人の個別相談に応じてきました。よく話を聞くと、**独立したい人の理由で一番多かったのは、「今の会社が嫌」「勤め人が苦手」といったネガティブなもの**でした。

会社で働くことが苦痛だったり、自分には合わない働き方であっても「我慢するしかない」「会社員生活から抜け出すなんて夢のまた夢」。みんな最初はそんなふうに思って、ずっと「モヤモヤ」を抱え、そこから抜け出すために一歩を踏み出した「フツー」の会社員ばかりでした。

本書は一般的な独立起業本とは異なります。「モヤモヤした気持ちのまま、その場に留まることをやめよう」「まずはできることから始めてみよう」。そんな小さな一歩を踏み出すための本です。

本当にやりたいことを見つけることを、「シゴトづくり」と名付けました。独立や起業ではなく「シゴトづくり」です。

これまで多くのモヤモヤを抱える人たちと向き合い、シゴトづくりのサポートを行ってきた経験でわかることは、働く現場では大きな変化が起こっているということです。ほんの5年ほど前までは、会社を辞めて起業するという人が主流でした。でもここ数年は、今の仕事を続けながら別の道も模索して、自分でやっていける土台をつくっていきたいという人が増えています。

さらに、自然災害やウイルス禍など想像もできない環境変化が起こり、働き方改革や「時短」「副業解禁」「テレワーク」などが言葉だけでなく必要性を増してきています。時間や場所に縛られることなく、働き方の選択肢を広げる。そんな波が少しずつ押し寄せてきています。

だからといっていきなり会社を辞めることはお勧めしません。安定した収入が絶たれてしまうことは大きなリスクですし、多くの人が、なかなか一歩を踏み出せない理由がそこにあるからです。

会社を辞めることなく、まず自分ができることから考え、実行してみる。会社を辞めずに無理なく自分のペースで自分らしい働き方をつくっていく。そんなやり方があってもいいのではないか？　この考え方に則って、今は「シゴトづくり」のサポートを行っています。

これをハイブリッドキャリア＝複業（副業ではありません）と呼んでいます。実際にサポートさせていただいたうちの約半数の人は複業を実践しています。会社を辞めて独立するのは、シゴトが軌道に乗ってからあらためて考えればいいのです。

「仕事は苦しいもの。誰だって我慢して勤めるのが当たり前」

もしこんなふうに思っているとしたら、**きっと5年、10年後には「あのとき、動き出しておけばよかった……」と、後悔している自分と出会う**ことになります。

これまでたくさんの人と会ってきて一番よく聞く言葉が「不安」です。不安の反対は安心や安定です。安定は居心地がいいのでその場に留まりたくなります。不安は先行きが見えないから起こる感情です。誰かに聞いても将来のことはわかりませんし、教えることもできません。

では、どうしたら先行きが見えるようになるのでしょうか？　答えは、自分の足で確かめていくことです。先行きが見えないのは今いる場所から動いていないからです。動かないから不安はどんどん大きくなっていきます。

大切なことは、今すぐ少しずつでも動き始めることです。ああでもない、こうでもないと頭の中だけでグルグル考えていてもものごとは一向に好転しません。

生きていく時間は有限です。止まっていること自体がもったいないことです。動き始めると見える景色が変わります。見える景色が変わると感じ方やもののとらえ方に変化が出てくるのです。

自分らしいシゴトづくりのために！

事業を始めて10年以上が過ぎました。独立して10年存続する会社は全体の1割しかないといわれています。おかげさまでその1割になることができました。

なぜここまでやってくることができたのか？　執筆を機会に振り返ってみると三つのキーワードが浮かび上がってきました。

「自分がやりたい軸でやってきたこと」

「ひとりビジネスでやってきたこと」

「身の丈でやってきたこと」

日々、お金のことばかり考えてやりたくもない仕事を受けているとしたら……、独立とは名ばかりで会社員より忙しい毎日に嫌気がさしていたことでしょう。

従業員を抱える立場になっていたとしたら……。会社と自宅を満員電車で往復したり、やりたいことがあっても人の調整で時間を費やしたり、従業員の顔色を見ながら日々起こる問題と管理に明け暮れていたことでしょう。そんな中で家族との時間もなく過ごしていたとしたら、会社員と何ら違いはありません。

身の丈以上のことをしていたら……。毎月発生する人件費とオフィスなどの固定費のために仕事をして苦しんでいる様子が想像できます。

幸いなことに、今僕は、**「次はあれをしよう」「これがしたい」とワクワクしながら**

日々を送り、やりたいと思ったらその場で実行しています。必要なときは気の置けない仲間に声をかけ、一緒にシゴトをしています。

有名になる、大金持ちになる、従業員がたくさんいる、会社のトップになる、上場を目指す……。こんな大成功とは程遠い世界かもしれません。でも、このやり方が自分の人生には一番合っていたし、ここまでやり続けたことが財産になっています。

自分が体験してきたことをベースに、これから自分らしいシゴトづくりをしたい人を指南し、70名を超える起業家卒業生が旅立っていきました。

起業して1年で4割、3年で7割が破たんするともいわれる中、みんな事業を継続できている理由は、「自分がやりたい軸でやる」「ひとりビジネス」「身の丈でやる」の三つがあったからだと確信しています。

あなたにとっての「シゴト」とは何ですか？

子どものころを思い出してみてください。誰もが「こんなふうになりたい」と純粋な気持ちを持っていたはずです。それが大人になるにしたがって、社会のしがらみ、周囲にいろいろ言われ制約ができ、余計な鎧《よろい》を身にまとうようになります。

そして自分らしく生きることができない理由ばかり考えるようになり、知らず知らずのうちにやりたいことに蓋をしていってしまうのです。自分の生き方を考え直すのなら、子ども時代のような素直な気持ちに戻って、本気で考えてみてもいいのではないでしょうか。

組織に縛られず、良いも悪いも自分の責任、自分のやりたいことを自分の決断でやる。理想の働き方を具体化するには、これに勝るものはありません。もちろん日々たのしいこともつらいこともいろいろあります。そんな中、家族と自分が健康で笑顔でいられることが一番のしあわせだと自信を持って言えます。

働き方は生き方につながります。本書では働き方だけでなく、生き方も自分らしくいられるための方法をお伝えしていきます。僕自身が体験したこと、これまで関わってきた人たちのリアルな体験談や事例を織り交ぜながら、イメージしやすく展開していきます。この本に書かれたことを愚直に実行すれば、自分ならではの**「ずっと続くシゴト」**を形にすることができます。

あなたは今何のために働いていますか？　あなたにとって「シゴト」とは何です

か？　「自分らしさ」はどこにありますか？　これからの人生、今のままでいいですか？　もし迷いを感じるのなら一度立ち止まって自分自身を見つめ直してみましょう。

そして未来がどうありたいかを描いてください。できることから始めてみることです。

「このまま会社員生活を続けていることが本当にしあわせなんだろうか？」。そんなモヤモヤした気持ちでいるのなら、小さな一歩を踏み出してみましょう。その日から人生がガラガラと動き始めることをお約束します。

働き方多様化コンサルタント
三宅　哲之

目次

第2章 どんなシゴトがつくれるの？「人生の振り返り」から見つけ出そう　51

第3章 「誰に」「何を」「どうやって」の三つから売れる商品やサービスを考えよう　87

第4章 売り込むのは商品より「あなた自身」

第1章

ひとりビジネスを始める前に、まず「キモチ」をリセット

1

「会社が嫌」始まりは誰だってネガティブなものです！

これからは自分の力で生きていこう！　そんなふうにひとりビジネスを始めようと思う人には、どんなきっかけがあったのでしょうか？

「世の中にないことをやる」とか「他の人にはない卓越したスキルや人脈を持っているから」、あるいは「自分の夢を実現したいから」など、高い志が必要だと思っていませんか？

自分でシゴトをつくれる人は、決して特別な人ではありません。フツーの人がフツーに感じている気持ち、素直な気持ちがスタートになります。

僕のもとを訪れる人たちはみんな、高い志を持っているわけではなく、「会社の方針が合わない」「やりたいことができない」と話します。

なぜひとりビジネスを始めたいのか？　突きつめれば「このまま会社にいるのが嫌だから」というのが一番の理由だったりします。最初のきっかけは案外、ネガティブな人が多いのです。

一般的にネガティブな感情はよくないことのように言われます。「ポジティブな考え方に変えていこう！」と自己啓発本にはよく書かれています。でも、ポジティブ思考なんてすぐにできるものではありません。無理して背伸びしても長続きはしません。

それよりも大切なのは、**今の自分の正直な気持ちを受け止め、頭の中を整理すること**です。会社が嫌ならそれでいいんです。

いったん嫌なことを洗いざらい書き出してみます。中途半端にしたりせず、もうこれ以上言うことはないというくらい、すべてを出し切ります。出し切ってしまえば、思った以上にすっきりとした気持ちになります。そして大切なことは、出し切ったらいつまでもネガティブを引きずらないことです。

大人が子どものころの気持ちに戻って楽しむアウトドアプログラムを提供する「週末冒険会」の伊澤《いざわ》直人《なおと》さんは、ひとりビジネスを始めてから7年目を迎えました。当初思い描いたのは、「自分が大好きなことで、お客様と仲間のような関係でありたい」。そんな姿です。そして今、しっかりリピーターをつくりながら大好きなことを身の丈で確立しています。

そんな彼も、最初の数年はやりたいことが軌道に乗らず苦労を重ねました。単発でできることをして収入を補填していました。そんな苦しい状況でもなぜ、あきらめることなく続けてこられたのでしょうか。

「このままではうまくいかないと、あきらめかけたこともありました。でも、お金をかせぐためだけに毎日やりたくもないことをやったり、会社に通って上司に頭を下げたり……、もうあんな生活には戻りたくないと思いました。本音を言うとそんな気持ちがビジネスをあきらめない原動力になっていました」

いかがでしょう？　始めた動機は前向きなものだったかもしれませんが、苦しくても続けてこられた原動力は、「会社に戻りたくない」というネガティブな感情です。

「会社で予期せぬ人事異動があって、このままではよくないと思い始めた」「言葉にはできないけれど、今の仕事に漠然とした違和感がある」「今の会社で定年まで勤めることがイメージできない」「自分が本当にやりたいことがわからない」「産休から戻ったら自分の居場所がなくなり、これからのことを考えるようになった」

働き方についてモヤモヤとした感情を持っている人たちが、実際に僕のところに相談に来たときの生の声です。こうした悩みを持つ人は何かしらの壁に突きあたっています。人は今がマイナスだと感じたときに初めて自分の生き方を考えるものです。何もなく順調に毎日を過ごしているときには自分を振り返るなんてことはしません。

「このままでいいのか？」がキーワードです。

何をする、どうやってやるなどは二の次でいいんです。自分の今に問題意識を感じるところからすべてはスタートするのです。

ビジネスは「特別な人」だけがやる世界ではありません

わかりやすくするため、ちょっと極端な例を以下に挙げてみます。何となく感覚だけつかんでみてください。

コンサルタントと呼ばれる職業があります。コンサルタントといえば大前研一さんとか神田昌典さんなど著名な方々が頭に浮かぶと思います。そして、「あんなすごい人たちのようになるなんて無理」と思ってしまいます。

ここでお客様の目線に立ってみてください。あなたに何か悩みごとがあったとします。そこでいきなり大前研一さんに相談に行くでしょうか？　そもそも何を相談したらいいのかこまるはずです。自分の悩みのレベルとは違い過ぎて行けないはずです。

もし自分が相談に行くなら、もっと身近で同じ目線に立ってくれるような人を選びたいと思いませんか？　初心者やそのことをあまり知らない人は「ちょっと先を行く先輩」のような人に相談してみたいと感じるものです。その道の大御所とか雲の上の人の話はためになってもレベルが違い過ぎて意味をなさなくなります。

相談される側から見ると、少しだけ経験や知識があるレベルでよくなります。「自分の失敗体験を踏まえるとこうした方がいい」というアドバイスができます。現実的で地に足が着いたアドバイスは、相手にも伝わりやすいはずです。

自分でシゴトをつくってお金をもらうためには、超専門的なスキルや知識が必要ではありません。

大事なことは、**相手の気持ちをきちんと受け止めることができること。**そしてその人の役に立つことができるかどうかです。ビジネスは特別な人がするものというのは誤解であるということ、少しご理解いただけましたか？

2

自分の人生を会社任せにしていませんか？

居酒屋に行くと、会社員が会社や上司の悪口や愚痴を言っている光景を目にします。一見盛り上がっているように見えますし、悪口を言っている方はすっきりします。「部長はこう言ってたけれど、オレだったらこうするぞ！」とまくし立て、その場は勝ち誇ったような気持ちになることでしょう。でも帰り道は後味の悪さだけが残ります。

聞かされている方だって、決していい気持ちはしません。むしろ「あんな飲み会にはもう行きたくない……」と思うことでしょう。こんなことを繰り返していても何もいいことはありません。

「こういう仕事がしたいのに何でやらせてくれないんだろう」と思うことはありませんか？　会社の悪口を言うのは、「会社に何とかしてほしい」という甘えで、「自分で何とかしよう」とは思っていないからです。

つまり会社に依存しているということです。組織の中にいれば、必ずしも自分の思う通りに働くことはできないものです。そう割り切れば、今与えられた環境で何ができるのかを考えられるようになります。

人にはその人が発するエネルギーのようなものがあります。愚痴を言っている人の周りには、同じように後ろ向きなことばかり言う人が集まります。会社のせいにせず自分で何かをしようという人の周りには、主体的な人が集まってきます。あなたはどちらに入りたいですか？

今では、こんなふうに言える僕ですが、会社員時代は上司や会社の愚痴をよく言っていました。そんな自分の姿を周囲はどう感じているかなど、考えることもありませんでした。その後、独立起業して、付き合う人も会社員から自分でシゴトをやっている人たちへと変わりました。

そんな仲間と話すとき愚痴は出てきません。これからどうしたいのかという話題ばかりです。気の置けない仲間なら「今、実はここが厳しい」という話もします。でも愚痴ではなく、現状ある課題をどうしたら解決できるのかという前向きな話です。

なぜそうなるのでしょうか？　それはみんな自分でシゴトをやっているからです。

やっていれば、当然、難題に突きあたって、なかなか乗り越えられそうにないこともあります。でも何とかしようとするのは、誰かの指示を受けることなく自分で決めた道だからです。他人の責任にしても事は進まないことがわかっています。これは会社員から起業家になって１８０度変わったことの一つです。

「あなたの今は会社のためにありますか？　それとも自分のためにありますか？」

教育研修の場でこんな質問をすることがあります。自分のために会社があるという と、一見、自己中心的に感じるかもしれません。

でもそう思うことが毎日の仕事に対する姿勢を積極的に変えていきます。受け身から生まれてくるものなんて何もありません。仕事を主体的に取り組む人が増えていくことで、気持ちのありように変化が起こり、会社にとってもメリットになる好循環が生まれます。毎日は自分のためにあり、決して会社のためではありません。シンプルですが基本になる考え方です。

会社員でもこの考え方次第で実力のつき方が変わります。「会社員大勢」の中の一人ではなく、自分個人は何者なのかについて、一度立ち止まってみることです。個人と会社の関係を見つめ直してみてください。

3

だからといって、いきなり会社を辞めてはいけない

「自分でシゴトを始めるためには会社を辞めた方がいいですか?」。こんな質問を受けることがあります。「やるからには背水の陣で臨まなければ全うできない」と言う人もいます。確かに一理あるとは思います。いわゆる覚悟と呼ばれるもので、ものごとを成就するためには、自分を追い込んでいかないといけないのも事実です。「起業するならリスクを取る覚悟を決めろ」というのは正しいことですし、その気持ちがないとやり切ることはできません。そういう人は、最初から起業へ向けて一直線で進むような人です。

でも**今の時点で、今後の人生、自分が決めたシゴトを全うしていくなんて決められますか?** それだけ意志の強い人はごく一握りです。多くの場合、そこまでの気持ちはないですし、それが普通です。

進めているうちにどうなるかもわかりません。今の状況が嫌で、そこから逃げたい

だけで起業を考える人もいます。そんな人は配置転換があって、自分に合う部署に行けば、「やっぱり会社にいてよかった」と思うことでしょう。

この先どうなるのかわからないけれど、何かを始めてみたい。であれば、まずは会社を辞めずにもう一つの働き方を志向してみるのです。いきなり何をやるかを決めなくても、社外の場へ行ってそこにいる人と接してみるのも一手でしょう。

肝心なのは「そこで何を感じるか」です。こういう人たちとは違うとか、やっぱり会社員の方がいいと思うかもしれません。

逆に、やっぱり自分でもやってみたいと思ったら、ますは複業へ向けて準備をスタートすることをお勧めします。複業とは、会社員をしながらもう一つのシゴトをつくることです。**実際に動きだしてみるとさらに感じ方が変わります。**周囲で付き合う人も変わっていきます。活動しながら、その先に起業という選択肢が出てきたら、そのときに考えたらいいのです。

どの場合でも、いきなり会社を辞めるような選択はしないことです。会社にいながらにして考えられることはたくさんあります。

「自分がやりたいことって本当は何なんだろう？」「進みたい道はどんな道なのか？」

「そもそも今抱えている気持ちは一時の感情ではないのか？」など、まずは収入基盤を持ちながら自分が感じていることを確認できるステップをつくってください。

動く中で、進む方向を定めていき、プロセスを踏むことで自分の方向性が定まりやすくなります。これが新しい働き方を決めていくこつです。先のことを今決断するなんて簡単にはできません。最初から絶対これでいくと決めた！なんて思わないでください。

会社員でできるさまざまな特権を大いに利用しましょう

せっかく会社にいるのなら、今いる会社のリソースを活用しない手はありません。会社を辞める直前の日まで、リソースをすべて手に入れるくらいのつもりでいてちょうどいいくらいです。

例えば研修があるとします。「こんなに忙しいときに研修をするなんてやめてほしいなあ……」という考えが頭をよぎりがちなものです。でもそれはもったいないことなんです。

もし個人で2泊3日の外部研修を受けようとしたら膨大なお金がかかります。個人ではそうそう出せない金額です。

その費用を会社が負担してくれて、しかも**給料をもらいながら研修を受けられるのですから、こんなありがたい話はありません。**研修の内容、講師の話し方、プログラムのつくり方などすべてを吸収するつもりで、前向きに受講した方が絶対にお得なのです。

普段の仕事でいえば、他部署との関わり方もあります。経理や広報といった業務は、ひとりビジネスでは、自分でやらないといけない業務です。そこそこの規模の会社なら各部門の専門家がいますよね。そうした専門家と仲よくなって、いろいろと教わっていきましょう。

単に日々の仕事をこなすだけでなく、自分がビジネスを始めた後のことも考えながら彼らと付き合い、情報を集めていきます。**会社は自分が事業をスタートするときに役立つリソースの宝庫**です。

「ここでは何が得られるだろう？」と、頭を切り替えて毎日を過ごすことで、今までにはない充実感が味わえるようになります。

4

副業ではなく「複業」、主役はあくまでも自分というシゴトをしよう

一般的に「フクギョウ」というと副業という文字になります。しかし、自分のシゴトづくりは副業でなく「複業」です。

違いを説明します。副業はサイドビジネスという意味です。収入が足りないところを副次的にかせぐことが主たる目的になります。また文字通り正あっての副で、正は現在の仕事、会社のことです。副業はあくまでも会社があってのサブの仕事です。つまり会社に依存している感覚から脱していないことになります。

コンビニや牛丼屋など、深夜営業しているお店で働いたり、不動産投資や「せどり」と呼ばれる転売、アフィリエイトなどがその典型例といえます。これらをやること自体は否定しません。ただし、多くの場合は、別にやりたくてやる仕事ではありません。その先にこうなりたいという明確なものがないのが実態です。

一方の**複業は、複数の本業を持つこと**です。

副業のような片手間仕事ではなく、生業として会社とは別のシゴトを二つ以上兼務することです。今勤める会社をあくまでもメインにした副業に対し、「複業」は本業の一つという位置付けで、両者はあくまでフィフティフィフティの関係です。会社に依存するのか対等でいくのか、意識の持ち方には雲泥《うんでい》の差があります。

複業は自分がやりたいことをやって、自分の人生をつくっていく上で必要なことをシゴトにしていく。かせぐことよりもむしろ、目的は自己実現にあります。「副業はしない、複業をつくる」。生き方を変えていきたいのなら必ず意識しておいてください。

やりたいことで複数の収入源を持つのが複業です

複業というと、会社員だけをイメージするかもしれませんが、複業という働き方をしている起業家や経営者もいます。

僕自身も働き方多様化コンサルタントと焚き火コミュニケーション、そして講師の三本立てでのシゴトをしています。「どれが本業なんですか？」と多くの人に質問されますが、答えは「全部本業です」。三つともに好きでずっと続けていけるシゴトにしようと考えています。一見まったく違うことをやっているように見えるかもしれませんが、自分の中で根っこはつながっていて、相乗効果を発揮しています。時流によって収入バランスも変わり、お互いに補完し合う関係になっています。

これからの時代は、一つの仕事にこだわる必要はありません。むしろ複数もちましょう。自分でつくるシゴトは好奇心のまま自由に形にできるのが醍醐味です。やってみてこれはイケる！と感じたものに突っ込んでいきます。そのときの気分や状況に合わせパワーを注げばいいだけの話です。本業はいくつあってもいいし、働き方は多様でいいのです。

5

好きなことがビジネスになれば見える世界が広がります

シゴトづくりをはじめると、毎日が新鮮になります。今まで出会ったこともない人にも出会えるし、知らなかった世界を知ることができます。何より**自分が思ったことを自分の判断で思った通りに動かすことができます。**上司からとやかく言われることなんてありません。好きなこと、ワクワクすることをシゴトにできる醍醐味を感じられます。複業でも同じ感覚が味わえます。

会社員をしていると会社の世界しか知りません。当たり前のことです。会社員ではない働き方、他の世界を知らずに人生を終えるもったいなさは、僕自身が会社員生活を23年もやっていたので声を大にして言えます。

「ここにいる人は会社員よりも目がキラキラしている」

会社一辺倒の生活から、自分でシゴトづくりをしている世界を初めて見た人は同じことを口にします。

知り合いのひとりビジネス実践者がこんな話を打ち明けてくれました。

「今の世の中、大学くらいからランクが決まり、就職するときも大学のランクで入れそうな会社が決まります。周囲にいるのは、常に同じようなレベルにいる人で固定化されていきます。同じような価値観を持った似たような人たちばかりです。一方、独立すると30代でフリーターとかコンビニの店員をやっているとか、今まで会ったことのない人たちと接することになります。周囲の環境は大きく変わりました」

高校↓大学↓会社員という路線で進んでいくと、こんな感じになりますね。会社員を続けていたら、今までの自分と同じような人とだけ付き合います。それが世の中のすべてなんだと思ってしまいます。定年まで会社員を続けていたら、今度はそれが「人生のすべて」になってしまいます。

世の中には会社員だけでは見えない世界があります。知らない人種、価値観がまったく違う人たちがたくさんいます。そんな人たちと日々接するだけでも成長につながります。

自己成長は若いときだけではありません。現に僕自身も、46歳で独立して以降大きく成長してきたと実感します。自分でシゴトをつくることは、視野を広げることにもなります。**今いる会社以外にも自分の知らない世界がたくさんあること、その世界を知らずに人生を終えることのもったいなさに気づく**こと、自分で毎日をつくり始めると人生の価値は大きく厚みを増していきます。

仕事を他人事から自分事に変えてみましょう

世の中では年金問題が取り沙汰されています。平均的な年金収入では不足するからそのぶん自分で何とかしろといわれています。おまけに、もらえるのは70歳からになるともいわれています。健康寿命を考えると果たしてどこまで働けるのか。「国や会社は何もしてくれない」。そう言いたい気持ちもあるでしょう。

でもそんなことを言ったからといって状況が好転するとは思えません。誰も助けてはくれません。であれば自分でできることを今からやり始めていくことです。**仕事を他人事にすることは生きることを他人任せにしていることに等しくなります。**これからの時代はすべてを自分事としてとらえる意識を持つことです。

6

必要なのは「自分でシゴトをつくる技術」にあり！

僕のコミュニティには、ゼロからひとりビジネスを立ち上げるプログラムがあります。みんな数か月をかけてステップを踏みながら具体的なところまでもっていきます。きちんとやればそれだけでビジネスとして通用するものになります。

でも、プログラム期間中でつくったものをそのままやる人はいません。実際に動いてみて、お客様と接してみて、やっぱりこの方がいいかも？と軌道修正をしていきます。そして自分として腑《ふ》に落ちる形へと進化させていきます。

「それだと数か月もかけてつくる意味がないんじゃないの？」と感じたかもしれませんが、そうではありません。

数か月かけて習得するのは「自分でシゴトをつくる技術」です。技術さえ持っていれば多少、方向性が変わっても、すぐに修正したり、見直したりすることができるようになります。机上でつくったものがそのまま通用するほど現実は甘くありません。

お客様に直接会わないと本当のニーズはわからないものです。最初から修正ありきで臨む必要があるわけです。

これからの時代、働き方を変えていく上で必ず持っておきたいもの、それが「自分でシゴトをつくる技術」です。**技術とは、「型」のようなもの**です。スポーツでも料理でもその道には基本となる型があります。型を習得することは一番の近道を得ることです。まず、シゴトをつくる型をマスターしていきましょう。

ずっと会社勤めをしていて、ある日突然リストラを言い渡されたらどうしますか？言われてから何かを始めようとしても遅いのです。**今すぐやることは「自分で生きていける技術」を身につけていくこと**です。技術を身につけた人と何もせず毎日を送っている人では雲泥の差があります。起業しようと考えるのではなく、技術を身につけようという気持ちを持ってください。

会社員脳を起業家脳へ変換していこう

自分でシゴトをつくっていけるようになるには、会社員脳を起業家脳へ変換してい

会社員脳から起業家脳へ

会社員脳		起業家脳
時間がないからできない	➔	どうやって時間をつくり出していくか
不安なことがあると足が止まってしまう	➔	不安があるから動く
できない理由を探す	➔	どうしたらできるかを考える
既成概念にこだわる	➔	新しいことに好奇心をもつ
完璧でないと動けない	➔	とにかくやってみる

く必要があります。会社員脳と起業家脳の意味を説明します。

文字通り、会社員脳とは会社員的ものの考え方、起業家脳とは自律してシゴトをする人の思考パターン、行動様式、習慣づくりです。

上の図は左が会社員脳、右が起業家脳です。もちろん、その人が持って生まれた資質もありますが、多くの場合は環境でできていくものです。

会社員を長くやっていると知らず知らずのうちに会社員脳になっていきます。会社員脳を起業家脳に変換していくことができない限り、いくら技法を学んでも自分でシゴトをつくっていくことはできません。

常日頃、自分の中にある「心の持ちよう」を変えていきます。マインドと呼ばれたりもします。**「心の持ちよう」がなければ前進しないですし、「心の持ちよう」があればものごとは解決へと進んでいきます。**どうやってやるかはその次の手段でしかありません。

では、どうしたら起業家脳をつくることができるのでしょう？　それはまず「環境を変える」ことです。環境とは自分の周りにいる人のことを指します。会社員的思考の人と付き合っていても何も変わりません。

意識して、シゴトづくりを志す人、起業している人と接していきます。常日頃からそういった人がいるところに身を置いていきます。これを同じ志の仲間づくりと言います。

こうした環境で育んだ仲間はひとりビジネスを始めた後も強固なつながりになります。シゴトをまわしていく上で人とのつながりほど大切なものはありません。同じ志の仲間づくりは、起業家脳を養成すること、モチベーションを維持すること、シゴトをつくる源になるなどとても大きな成果を生み出します。

7

これをやると失敗する！ありがちな8つの傾向

シゴトづくりに失敗する人には共通点があります。ここでは、ありがちな8つの傾向を紹介します。そんなの当たり前じゃないの？　中にはそう思われるような内容も含まれています。でもその当たり前のことがわかっていない人が山のようにいるのが実態です。

ありがちな失敗❶ 最初からお金をかけようとしてしまう！

「起業にお金はどのくらいかかるの？」「資金調達の仕方を知りたい」など、これから始めようとする人に多い質問です。なぜそうなるのでしょうか？

公的機関の創業塾などは金融機関が主催している場合が多く、主催者にとっては融資を受けてもらってなんぼということになります。一連のセミナーの後にも融資の案内がセットになっています。フランチャイズで独立するときなどは加盟金が必要になります。自己資金で足りないものを借り入れしようと考えます。このように独立起業というと融資を受けるのが当たり前という先入観ができてしまっているのです。

特に店舗を構えるなど開業という言葉を使う人に多い傾向があります。融資でより多くの金額が通れば自分の事業計画が認められたような錯覚に陥ります。でもちょっと待ってください。**融資と言えば聞こえはいいかもしれませんが、実際は借金**です。借りたお金は返す必要があり、返済は事業スタートから始まります。

「小さなカフェを始めたいと思います。資金調達はどうしたらいいのでしょうか？」

「一日の来店は何人で平均単価はこれくらい。これでうまくいくでしょうか？」

こんな人こそが過ちをおかしがちです。自分の店舗を持つことばかりに頭がいって、資金集めの仕方や形の知識ばかりを得ようとしてしまうからです。

店舗を持つ前に必要なことは何でしょうか？　それはお客様をつかむということです。いくら立派な店舗をつくってもお客様がいなかったらどうしようもありません。

毎日閑《かん》古《こ》鳥《どり》の中、毎月来る初期費用の返済、家賃や光熱費、「来月の支払いはどうしよう……」「こんなはずじゃなかった……」と青ざめます。

お金をかけないと事業はできない、もしそんな固定観念を持っているのならすべて外してください。シンプルですがこれが成功軌道に乗せる第一歩になります。

ありがちな失敗❷ 自己流でもシゴトができると思ってしまう

「このあいだ会った人から『こんなことやってみたらいいんじゃない？』と言われました。いいアイデアと感じたので、自分でやってみようと思います」

会うたびにこんな話をする人がいます。その人はいつも同じようなことを言って、いつまで経ってもアイデアばかりで前に進みません。人に言われたことを少し聞きかじっただけで、簡単にできると考えてしまうのです。

世の中にはネットの情報や起業のノウハウ本、セミナーなど情報が氾濫《はんらん》しています。読んだり聞いたりするだけで、後は「自己流」でもできそうな気持ちになります。

表面だけ知って自分なりに解釈すればできるだろうと初めは思うのですが、結果的にはうまくいきません。深く理解しようとせず、闇雲に手探りでやっても時間ばかり無駄に過ぎていきます。

剣道や茶道の世界で「守破離《しゅはり》」という言葉があります。修業における段階を示したもので、「守」は師や流派の教えです。型や技を忠実に守り、確実に身につける段階です。「破」は、他の師や流派の教えについても考え、よいものを取り入れて心技を発展させる段階です。「離」は、一つの流派から離れ、独自の新しいものを生み出し確立させる段階です。

まずやった方がいいのは「守」。ちゃんとした師匠について一から十までをすべてきちんとやってみること。師匠から見ても、自分が教えたことを素直に実行に移す人とそうじゃない人とでは目のかけ方が変わります。

せっかく習うのなら師匠といい関係をつくりたいですよね。「守」ができたら「破」、そしてその先の「離」へ。シゴトづくりの世界にも守破離に通じるものがあります。決して安易な自己流に走らないよう注意してください。

ありがちな失敗❸ 情報収集にばかり時間を取られて先に進めない

逆に情報収集し過ぎる人もいます。会社員にとってシゴトづくりは未知の世界。考えれば考えるほど不安だらけになります。不安を少しでも解消したいからと、ネットで調べたり、本を読んだり、他人に聞いたりします。そうするといろいろな答えが返ってきます。

例えば「起業　失敗しない　方法」などとネットで検索してみると、「絶対失敗しない◯◯の法則」「失敗しない起業アイデア◯◯」「起業で失敗しない情報やノウハウ、行動方法」といった情報が山ほど出てきます。

読んでみると、これが大事、あれが重要と書いてあります。いったいどれを信じたらいいんだろうと迷ってしまいます。

ネットだけでは不十分と書店に行くと、コーナーには関連本があふれ返っています。タイトルを見てパラパラ読んでみると、またいろいろなことが書いてあります。まるで迷路の世界に入り込んでしまったかのように、謎は深まるばかりです。

それではと、誰かに相談します。すると聞く人、聞く人いろいろなことを言います。それは当たり前で、人の成功経験や考え方、価値観はそれぞれ違うからです。誰かの成功例が正しいとは限らず、自分に合うか否かもわかりません。情報すべてをそのまま鵜呑みにしていたら頭の中は大混乱です。

もちろん一通りの情報収集は必要ですが、し過ぎはよくありません。**情報があるほど人は迷うもので、頭でっかちになる**だけです。何よりも行動を止めてしまうことが一番のデメリットなのです。

ありがちな失敗④ 学ぶべき内容や方向を間違えてしまっている

「ビジネス立ち上げに必要な知識って何だと思いますか？」と尋ねると、「そうですね……会社のつくり方とか税金のこととか、資金調達とか、そういうものだと思います」という答えが返ってきます。これらはわざわざ自分が勉強したり、知識をつけたりするものではありません。会社設立なら司法書士、税金のことなら税理士など、それぞれの分野の専門家に聞けばすむことです。もちろん、まったく無知でいいと言っているのではありません。とりあえずそのテーマの本を一冊読めば十分です。

多くの人が知識を得たいと思っています。そこに時間を費やしてはいけません。知識は実際やってみないと何が必要かわからないものです。実際に動いてみて、お客様と接してみて必要になるものを勉強していってください。

知識やスキルがないとうまくいかない。誰もが最初に感じることです。でも実践の前に学ぶものはありません。会社員でいるうちは知識偏重になりがちです。決して頭でっかちにならないように注意してください。

ありがちな失敗❺ 気持ちを共有したり相談したりできる仲間がいない

ひとりビジネスを始めるとはいえ、仲間がいると、とても心強く感じるものです。ここで言う仲間とは友達や会社の同僚ではなく、自分の手で人生を切り開いていきたいという同じ目標に向かって進んでいる仲間です。

会社に勤めながら準備をしていくことは思った以上に大変です。今日はこれをしよう、あれをやろうと考えていても、予定通りにはいきません。まず会社ありきなので、自分の都合は後回しになります。

仕事に振り回され、自分の時間がなくなります。悩みがあっても同僚に相談できるはずがありません。時間もなく相談相手もいないと、モチベーションはどんどん下がっていき、当初思っていた気持ちはどこかに飛んでいってしまいます。

そんなとき同じ志の仲間がいたらどうでしょう？　同じ悩みを抱えて毎日を送っているかもしれません。「最近、仕事が忙しくてなかなか作業が進んでないんだ」「私もそうなんだ。でもがんばらなくっちゃね！」

会えばお互いの近況の話になります。このささいな会話が大事です。下がりかけた気持ちも仲間と話をする中で初心に戻り、やる気が蘇ってきます。

「会社員をやっていると相談できる場がありません。毎日同じことの繰り返しで知らぬ間にしぼんでいく。同じ目標を持つ仲間がいる場に行くと、一気に気持ちを盛り上げてくれます。みんな同じようなことを思っているんだと励まされます」とはメンバーの声です。仲間の存在は事業をスタートした後に効いてきます。スタートしたては仕事なんてそうそう入ってきません。どうしたら自分のことを知ってもらえるのか、お客様をつくることができるのかに必死になります。

「こんな人がいるからつないであげるよ」「紹介するから一度行ってみたら」。仲間はそう言って助けてくれます。最初の仕事は仲間の紹介から生まれるものだったりします。

自分でシゴトをつくるには一人でやり切る気構えが源になります。でも、すべて一人でやれるものでもありません。**「仕事は人が連れてくるもの」**。同じ志の仲間は生涯にわたっての財産になります。

ありがちな失敗❻ 素直に人の言うことを聞くことができない

人の話が素直に聞けない人は要注意です。助言したのに、「でも自分の考えはこうです」と言われたらどうでしょう。その人のためによかれと思って一生懸命考えてアドバイスしているのに相手はまったく聞く耳を持たない。そんな人に何かしてあげようと思いますか？

人の話を素直に聞けなかったり、自分の話にすり替えてしまうと、その先はありません。自分を持っていることと素直じゃないことは意味が違います。もし、少しでも当てはまるなら素直になることを意識してみましょう。

「頭を下げられない」というのも要注意です。特に会社員で管理職以上の人によくあるケースです。自分でシゴトを始めようと思ったら、今持っている余計なプライドを捨ててください。これからは会社でなく自分自身で勝負することになるのですから。

ありがちな失敗❼

ＨＯＷ（やり方）ばかりを習得しようとする

「起業していくための知識を学びたい、ノウハウを知りたい」。こんな相談もたくさんあります。こうしたものをＨＯＷ（やり方）と言います。どうしたらうまくいくのかその方法が知りたいと、誰もが思うことです。

でもＨＯＷから入ると失敗します。手法ばかり覚えても土台になるものが決まっていないからです。土台がないものはぶれてしまいます。**ＨＯＷの前に必要なことがＷＨＹ（あり方）です。**

木を想像してみてください。目に見えているのは木の幹や葉っぱです。そんな木を地面に立てているのは根っこです。なぜその仕事がしたいのか？　その考えに至ったのはどういうことからなのか？　シゴトづくりを決める根っこはあなたがこれまで生きてきた人生の中にあります。

ノウハウばかり集めて根っこがしっかりしていないものは長続きしません。「あり方あってのやり方」であることを忘れないようにしてください。

ありがちな失敗❽

本気が継続せずにあきらめてしまう

ここまでありがちな失敗を紹介してきました。どんな困難にあってもやり切ろうという気持ちが持ち続けられるか否か、実はこれがすべてです。

気持ちが切れた瞬間に行動は一気に減速し、減速は失敗につながっていきます。**やり切っていける気持ちをつくるためにはワクワクや熱量が必要**です。義務感だけで継続はできません。

ゴールはどこ？ 成功の本当の意味について知っておきましょう

どうですか？ 当てはまるものはありましたか？ もし当てはまったからといってあきらめなくても大丈夫です。会社員をやっていると無意識のうちにそうなってしまうものがたくさんあります。大切なことは思い込みをリセットすることです。

あなたはビジネスに成功するというと、どんなイメージを持っていますか？ メディアに出て有名になる、億をかせいでハワイで生活する、従業員がたくさんいる会社で上場を目指せるようになる……いろいろなことを想像すると思います。

「昔、一世《いっせい》風靡《ふうび》した◯◯という人がいたけれど、最近話を聞かないよね。どこに行っちゃったんだろう？」。こんな話をすることはありませんか？

僕は**成功の定義を「ずっと続く」こと**に置いています。「ずっと続く」には二つの側面があります。一つはお金がずっと続くということ。具体的には毎月入ってくるお金と出ていくお金のバランスが取れていることです。ビジネスが健全に動いているとはこの状態をいいます。

二つ目は、気持ちがずっと続いているということです。この気持ちが一番大事なのかもしれません。シゴトづくりはメンタルが基盤になります。気持ちが続いていればお金もまわります。お金がまわれば気持ちも続いていきます。お金と気持ちの相互サイクル。今は何となくでもいいので覚えておいてください。

第1章の
まとめ

◎ひとりビジネスは「特別な人」ではなく「普通の人」でもできる

◎最初は会社を辞めずに「もう一つの働き方」を志向してみる

◎会社は自分が事業をスタートするときに役立つリソースの宝庫

◎副業はサイドビジネスで、複業は「複数の本業」を持つこと

◎これからは一つの仕事にこだわらず、たくさんの複業を持つ時代

◎知らない人種、価値観が違う人たちと接するだけで成長につながる

◎会社に頼らずとも「自分で生きていける技術」を身につける

◎「お金を掛けないと事業はできない」は間違い

◎ひとりビジネスに大切なのはＨＯＷ（やり方）ではなくＷＨＹ（あり方）

◎収入と気持ちの二つが「ずっと続く」ことがひとりビジネス成功の定義

第2章

どんなシゴトがつくれるの？
「人生の振り返り」から見つけ出そう

1

「何ができるか」の前に「どうありたいか」を考えよう

「やりたいことがわからない」「何ができるかわからない」「何を専門にしたらいいかわからない」。これらは、よくある相談です。あるいは、「お手軽にかせげるものは何ですか？」「何がもうかりますか？」「こんなアイデアどう思いますか？」という相談もあります。そんなとき、僕は逆に二つの質問をします。

「あなたは、なぜ自分でシゴトづくりがしたいのですか？」

「あなたは、どうありたい（なりたい）のですか？」

最初の質問に対しては、「将来が不安で会社がどうなるかわからないから」など答えもさまざま。二つ目の質問は、どんな生き方をしていきたいのか？　という本質についての問いかけです。そこまで深く考えていない人は、思わず言葉に詰まります。

自分でシゴトをつくるということは、自分が何を大切にしたいのか？　どんな存在でいたいのか？　家族や人とのつながりはどうありたいのか？　の明確なイメージを持ち、実現する手段です。シゴトづくり自体が目的ではなく、**ありたい姿があって、それを実現するためにシゴトづくりという手段を使う**ことが正しい考え方です。だから、まず自分がどんな未来を描きたいのかをしっかり固めてください。

「お金を手にしたら何がしたいのか？」まで一歩踏み込んで考えることを繰り返すことで、本当にありたい姿が見えてきます。

僕の場合、まず一番は、毎日をたのしく生きたいという考えがありました。そのためには、人から何かを言われることなく、自分が思う通りに思ったときに何でもやりたいと思いました。例えば、**行きたいときに行きたい場所に行く、場所にとらわれることなく仕事をする、やりたいと思ったらすぐやる、**そして、年に2回はちょっとした贅沢《ぜいたく》もできて、家族とは毎日笑顔でいられる関係でいたい、そんな生き方をしたいと思って独立してシゴトを始めました。

「自分サイズのしあわせ」は人や年代によっても違います

シゴトをつくる上で「ありたい姿」を明確にしておくべきなのはなぜでしょう。シゴトづくりを始めると、思い通りにいかなかったり、迷ったり、右往左往したりする場面が必ずあります。どっちへ向かえばいいんだろう、このまま本当にこの道を進んでもいいのかと不安になることがあります。

ありたい姿とは、「ここへ向かうためにやる」「心の拠り所はこれ」というものをしっかり持つということです。迷っても、立ち返る場所を持つことでぶれることなく進んでいけるようになります。

誰もがもつゴールは「しあわせ」になることだと思います。これを僕は「自分サイズのしあわせ」と呼んでいます。サイズとは求める大きさ、方向や価値観のことを言います。その人がこれから実現したい「しあわせ」のサイズは、年代によっても変わってくるものです。

◎20代は、基本的に自分一人のことを考えればいい世代

自己実現に向けて邁進《まいしん》したり、お金をしっかりかせいで高級車に乗る、都心のマンションに住みたいなどの物質的な欲求が先にあるかもしれません。中には、世の中のこまっている人を助けたいという社会貢献があるかもしれません。自分にとってのしあわせの原動力になるものを見つけてやっていきます。

◎30代になると仕事が忙しくなる

会社で任される範囲も広くなり、責任も増えます。プライベートでは結婚して家族ができます。子どもも生まれ、自分一人だけの体ではなくなってきます。マイホームも欲しくなります。家族あっての自分だと考えるようになり、しあわせの尺度は家族に向いていきます。

◎40代になると、会社では中核の存在、まさにどっぷり仕事という日々

プライベートでは子どもの教育費がかさみ、住宅ローンも支払い真っただ中です。忙しい毎日に追われながら、ときたま「この先どうなるのか」と考えることもあります。会社で予期せぬ人事異動が起こるなど自分に降りかかる事件がなければ、しあわせについて考える暇もない毎日かもしれません。

◎50代になると、会社環境は今までとは様相が変わってくる

役職定年といった話がリアルになり、このまま会社で人生を全うするのか？　それとも自分らしく生きていく道を歩み始めるのか？について考えることもあるでしょう。プライベートでは子どもが巣立ち始め、夫婦二人の生活設計が見え始めます。人生のしあわせとは何なのかを深く考えるようになります。

「しあわせ」は、ただ待っているだけではやってきません。自分からたぐり寄せていきます。だからといって一度に思ったように進みはしません。たのしみながら、あきらめることなく、そして試行錯誤しながら前へ進んでいきます。その生きざまが自分の歴史として刻まれていきます。

シゴトづくりは何ができるかではなく、「なぜ」それがしたいのかが土台になります。「なぜ」は人生経験の中から生まれてくるものです。自分はこれまでこんな経験をしてきて、こんな人と出会ってきた。その中では挫折や苦労もあった。だからこんな人をこうしてあげたいと思う。それが「思い」です。

「思い」のないところに誠実なシゴトは生まれません。「思い」のある人のもとには人が集まってきます。その人を応援してあげようという人たちです。

「なぜ」のないシゴトは長続きしません。根っこになる自分の「なぜ」と「思い」を見つけていきましょう。

2

これまで歩んできた人生の「根っこ」を見つける！

シゴトづくりを考え始めたときに頭に浮かぶのは、「自分に何ができるか？」ということ。しかし「何ができるか？」を考えても、答えは見つからず、前に進むことができません。「何ができるか？」を考える前に、必ずやってほしいことが、幼少期から現在に至るまで、これまで歩んできた人生を振り返ることです。ただ頭で考えるだけでなく、文章に書き起こして「じぶん振り返りヒストリー」をつくります。

「じぶん振り返りヒストリー」で幼少期から現在までを振り返ってみよう

幼少期〜高校、専門学校もしくは大学、そして社会人として20〜50代をどう過ごしてきたのか。自分がこれまでに歩んできた道のりを書いていきます。今でも印象に残る出来事、出会った人、出会った言葉を文章で書き出していきます。

必ず書き出したい要素は二つあります。一つは**今でも当時の情景が浮かんでくるようなたのしい出来事と、その「理由」**です。

二つ目が、**失敗・挫折・苦労したことと、そこから「得たもの」**です。中途半端では意味がありません。包み隠さず書き出していってください。この作業の中で「今の自分を形づくっているもの」が見えてきます。

一度に作業しようと思わず、何度かに分けてやるのがこつ。一度寝かせると、別のものが浮かんでくることがあります。書いては離れ、書いては離れを繰り返しながら、忘れてしまっていたはずの古い記憶の引き出しを開けていきます。

人は壁に突きあたったときに初めて自分の生き方を考えるもの。順調に毎日を過ごしているときは、深く考えようとはしません。もし、今壁に突きあたっているのなら、「じぶん振り返りヒストリー」は格好の作業になります。

目に見える形にすることで、**自分自身と向き合い、自分の原点を見つける**ことができます。じぶん振り返りヒストリーは自分の内面にある「根っこ」=「自分軸」を築き上げていく重要なプロセス。自分軸とは生き方の指針で、拠り所になるものです。シゴトづくりは自分軸固めがスタートラインになります。

じぶん振り返りヒストリー

※日付を入れましょう。後で役に立ちます　　年　　月　　日

氏名

ここを掘り下げてください！　　ここを掘り下げてください！

年代	ワクワクしたこと・熱量が上がること・今でも情景が浮かぶ出来事	その理由	つらかったこと、失敗・挫折・苦労したこと	得たもの
就学前	アパート裏の原っぱにあった自衛隊の練習場跡で遊んでいた。	何か新しいものをつくるのが好きだった。	親のしつけが厳しかった。	三つ子の魂百までというが、その意味がよくわかったこと。
小学校低学年	ゴミ置場でいろいろなものを混ぜて実験みたいなことをしたり、病院の裏庭に友達３人と穴を掘って、秘密基地をつくったこと。	仲間と一緒にイメージを共有して、創意工夫しながらつくり上げるのが好きだった。	内向的だとか、社交性がないと言われるのがコンプレックスだった。	子ども心に親に言われたことは、ずっとその後にも影響を与えることがわかった。
小学校高学年	ずっとビリっけつだった徒競走で、５年のとき２番、６年で１番になった。	周囲から脚光を浴びるのがうれしかった。	「何を考えているのかわからない」と自己表現ができない子どもと言われるのが嫌だった。	どうすれば殻を破れるかを模索できたこと。
中学校	気の置けない仲間と慣れ親しんだ環境にいられた。技術はないが副部長になった。	自分が中心にいることが心地よかった。スキルだけでなく人間性が大切と思っていたから。	親の言いなりになって卓球部に入ったのがずっと後悔になる。転校した学校で不良グループに囲まれ、どうしようかと思った。	自分なりの考えを持ち、ちゃんと主張することの大切さ。人を見た目で判断してはいけないことを学んだ。

3

大事なのはHOWTOじゃない！人生において大切なのは何か

続いて「じぶん振り返りヒストリー」を1枚のグラフに落としていきます。これを「人生ライフラインシート」と呼んでいます。横軸が年齢を表します。縦軸がそのときの感情です。プラスマイナスで表現します。

「人生ライフラインシート」の書き方は、「じぶん振り返りヒストリー」の中で年代ごとに山と谷になった出来事をプロットします。そして線をつないでいきます。山と谷を結ぶラインから上昇、下降になったきっかけやそのときの気持ちを追記していきます。この作業で転機や熱量が上がった時期が見つかります。

「じぶん振り返りヒストリー」と「人生ライフラインシート」を書き終えたら、何度も出てくるキーワード、今の自分を形づくっているもの、自分の原点という視点で考えていきます。シゴトづくりの大もとは何か、が見えてきます。左上は僕の人生ライフラインシートです。

人生ライフラインシート

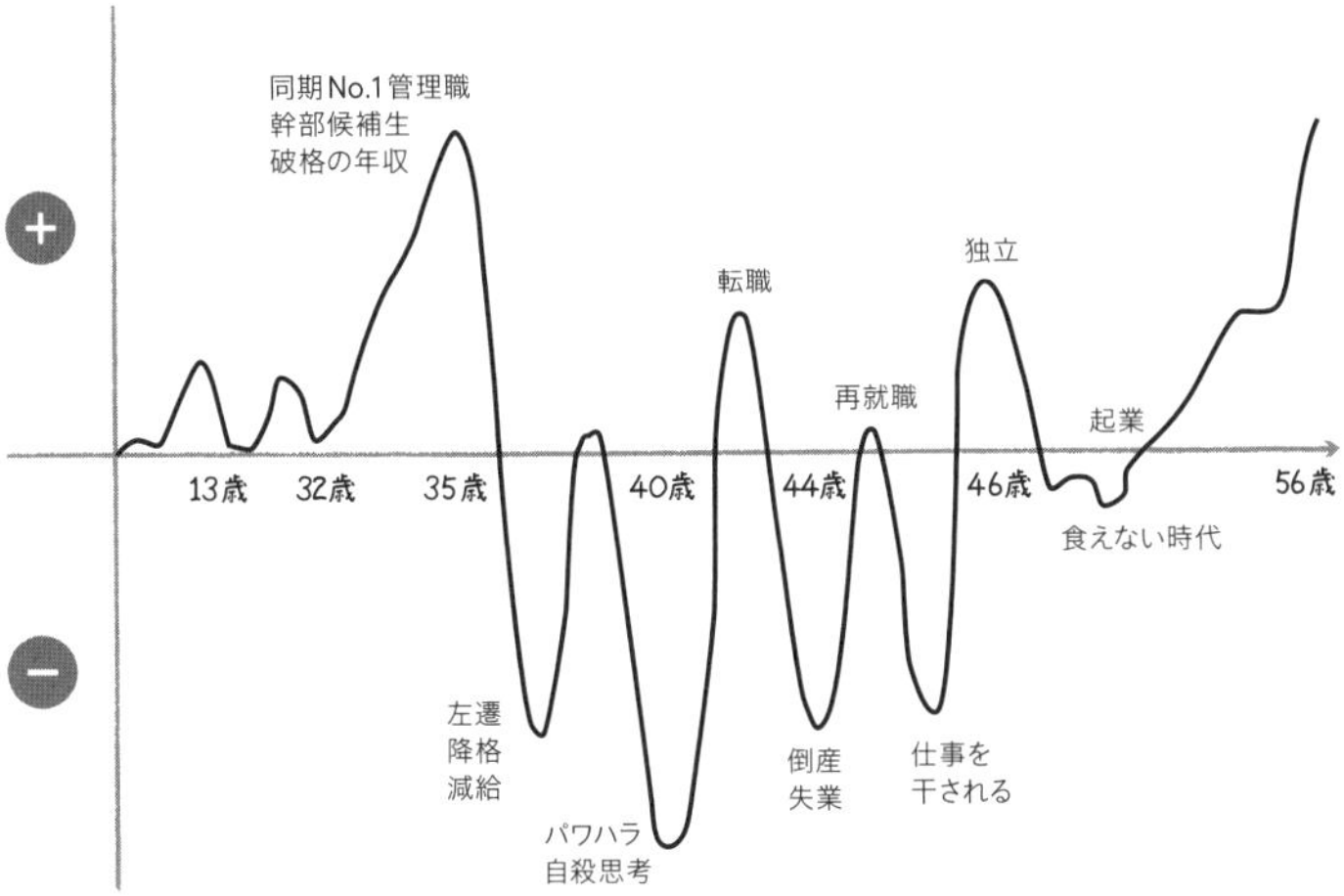

「幼少期の原体験」「ワクワク熱量」「マイナス体験」の３要素を深掘りする

自分軸を決めるには「幼少期の原体験」「ワクワク熱量」「マイナス体験」という三つの要素を深掘りしていきます。

一つ目が幼少時の原体験です。僕は小さいころは、内向的で内弁慶な性格の子どもでした。親からは厳しく育てられ、「あれをするな」「これをやれ」と何かと制約を設けられました。しょっちゅう怒られるので、感情を表に出さず我慢ばかりしていました。おかげで自分の感情を抑え、学校でも目立たないおとなしいタイプの子どもでした。

しかし、内面では自分の気持ちや考えをもっと知ってほしいとか、自分がいつも中心にいたいと思っていたのです。こうした幼少期の原体験から、いろいろなことを自分の発想でやりたいという感情の芽生えにつながったと思います。

認めてもらいたい、もっと自分のいいところを見てもらいたいというのが、根っこにある感情です。幼少時の体験は、大人になっても残っているものです。子どものころの純真で素直な気持ちになったときの感情からひも解いていきます。

二つ目が「ワクワク熱量」です。会社員時代の話です。ある全国プロジェクトを任される立場になったときがありました。上司も細かいことには口を出さず任せてくれて、新しいチームをつくるときにも一緒に仕事をしたいという人を外部から雇用していきました。展開する仕組みもゼロリセットして立ち上げるなど、どれもこれも会社として前代未聞のことばかりでした。

自分が正しいと思うことをゼロからつくり上げていく。同じ志を持つ仲間と一緒にチームをつくって形にしていく。そこには立場とか肩書なんて関係なく、その人自身にどんな思いがあるのか、何がしたいのかがすべての尺度です。そして一つのことを成し遂げる過程に、これまでにないワクワクと熱量を感じました。こうして文章にしながらも、今でもそのときのことを思い出して心が熱くなる自分がいます。

「ワクワク熱量」はすべての原動力です。あなたは、どんなとき、何をしているとき、何を考えているとき、何をやっているときに最もワクワクし熱量を感じますか？　その体験を振り返ってみてください。

三つ目がワクワクとは逆の「マイナス体験」、人生の中で起こった負の出来事です。僕の場合は、会社員時代の強烈なパワハラ体験がそれにあたります。現場のことを第一に考え、自分の正義を貫きたいとの思いが強く、融通がきかなくてうまく立ち回ることができない組織の中で、出る杭のような存在でした。

会社員として失格の烙印が押され、巡り巡ってたどり着いたのが、部下いじめで有名な上司のもと。人格否定、行動監視、日々の叱責《しっせき》など、1年にわたって徹底的に打ちのめされました。自殺を考えたほど追いつめられました。

しかし、この体験を通じて得た大事なことがあります。それは**僕と同じように、一生懸命仕事に取り組みながら上司の圧力で壁にあたった人の気持ちが自分事としてわかる**ことです。そして組織の中で個人のよさが埋没することに立ち向かっていきたい！　そんな強いエネルギーが自分の中にあるのを知ったことです。

「もうあのときのことは思い出したくない……」。そんなマイナス体験の中にこそ、あなたの価値があります。つらいかもしれませんが、決してその苦しさに蓋をしないで向き合ってみてください。

この三つの要素から出てきたものこそが、「個人を尊重した場づくり」です。これが今の僕にとっての「ぶれない自分軸」です。その人のよさが存分に発揮できる舞台をつくりたい。今の僕にとって、シゴトをつくる上ですべての根っこはここにあります。これまでいろいろなことをやってきましたが、その中でも今も続いているのは、この自分軸に即したことだけです。

自分軸とずれることはすべて消えていきました。これまでサポートしてきた中で成功しているのは、自分軸を持っている人です。シゴトづくりを成し遂げるものは自分軸。心に刻んでおきましょう。

好きなこと、興味のあることを「WHY思考」で掘り下げていこう

自分軸づくりの三つ目が、「WHY思考」です。根っこ探しのプロセスでもう一つ

WHY思考分析（例）

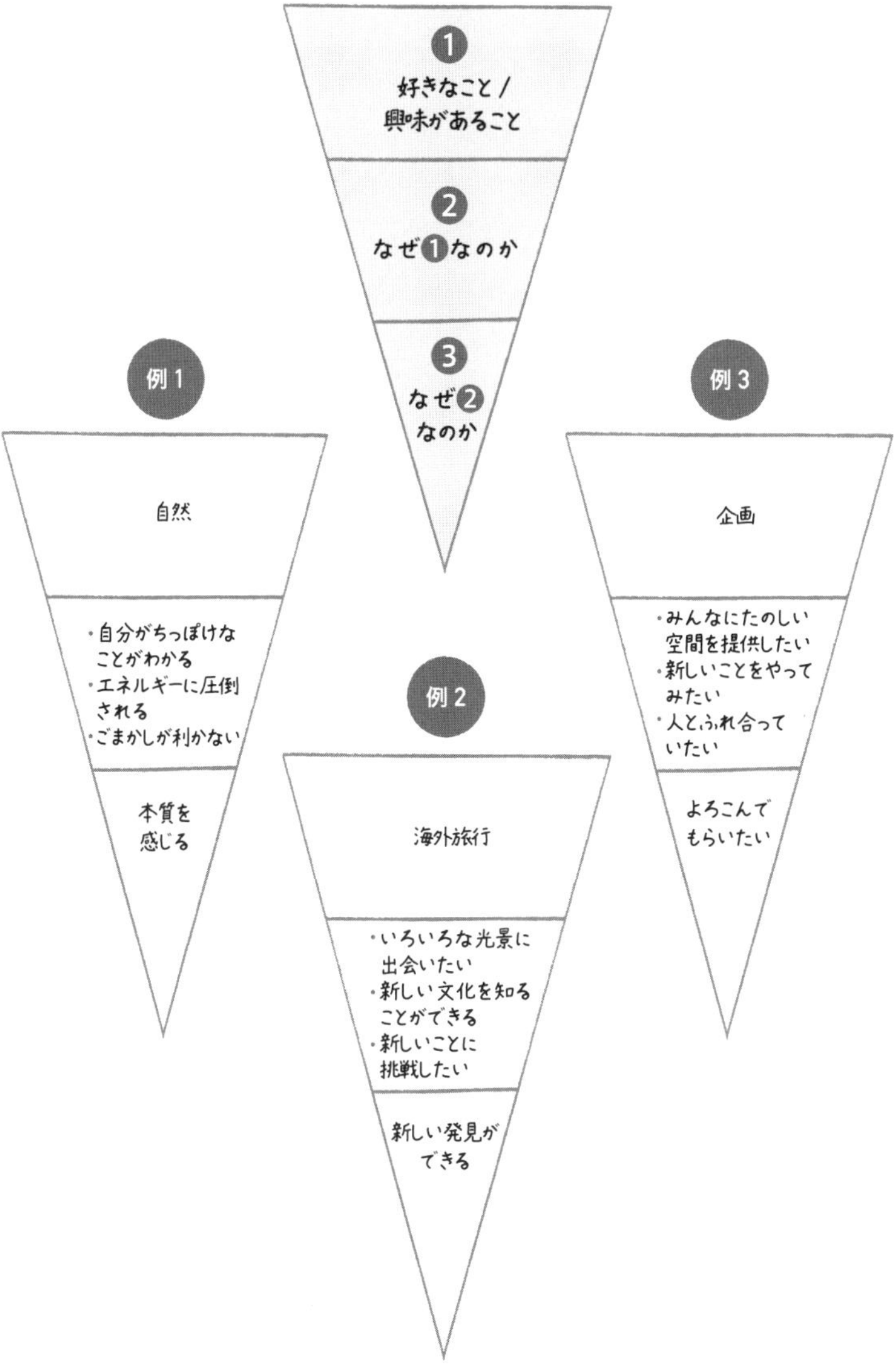
1
好きなこと／
興味があること
2
なぜ1なのか
3
なぜ2
なのか
例1
自然
・自分がちっぽけなことがわかる
・エネルギーに圧倒される
・ごまかしが利かない
本質を感じる
例2
海外旅行
・いろいろな光景に出会いたい
・新しい文化を知ることができる
・新しいことに挑戦したい
新しい発見ができる
例3
企画
・みんなにたのしい空間を提供したい
・新しいことをやってみたい
・人とふれ合っていたい
よろこんでもらいたい

取り入れたい手法です。ＷＨＹ思考とは一つの事柄を「なぜ」で自問自答していく方法です。

65ページを見てください。まず、逆三角形を描き、三角形を三つのエリアに分けます。一番上のエリアに自分が好きなこと、興味があることを書きます。

例えば海外旅行が好きだとします。なぜ海外旅行が好きなのかを考え、それを二段目に書きます。「いろいろなものに巡り合えるから」という感じです。

次になぜ「いろいろなものに巡り合えるのが好きなのか」を一番下のエリアに書きます。その答えは、「今まで体験したことがないことを発見したいから」ということかもしれません。このようにＷＨＹ、ＷＨＹで思考をどんどん掘り下げていきます。

同じ要領で「自然」と「企画」というキーワードをピックアップしてＷＨＹ思考で深掘りしていきます。そして三つで出てきた答えの共通点は何かを見ていきます。この共通点があなたの自分軸を構成する要素になります。

「なぜそう思うのか」を繰り返し考える。すぐに思いつく答えを安易に結論とせず、真の理由を探る。「なぜ」を繰り返すことで上辺だけの答えではなく本質の答えを導き出すことができます。

4

自分のリソースを洗い出してダイヤモンドの原石を見つけよう

自分軸を固めていったら、次は自分の中にどんなリソースがあるかを洗い出していきます。

ビジネスにおけるリソースというと、一般的には資源や資産のことを指しますが、ここではあなたがシゴトをつくるための「原石」と考えてください。

「これまで時間とお金をかけてきたこと」「好きなこと」「人よりちょっとうまくできること」「人からよく頼まれること」「知り合いから見たあなたの取り柄」など、リソースにはさまざまな視点があります。

自分では大したことないと思うようなことが、他の人の役に立つことがあります。

原石は磨くことでダイヤモンドに変わります。

ここではそんなあなたのリソースの洗い出し方について、いくつかの視点から解説します。

「失敗・挫折・苦労」の中にこそお宝ねたがあります

リソースを洗い出す方法の一つが、「失敗・挫折・苦労」などの経験です。いわば**「じぶん振り返りヒストリー」で書いた「失敗・挫折・苦労」をさらに深掘りしていく**作業です。先に、僕の会社員時代の話に触れましたが、具体例としてその話をさらに深掘りしてみましょう。

会社員時代、33歳で現場から本部へ異動した僕は、本部と現場では大きな隔たりがあることに気づきました。「もっとちゃんと現場の実態を本部に伝えないと会社はよくならない」。そんな気持ちでした。

本部では、運よく上司に恵まれて自由に仕事をさせてもらえるような環境でした。現場で積み上げた経験や実績を全国に展開し、大きなプロジェクトを任されました。「会社を変えてやる！」。そんな思いで朝から晩まで必死に仕事をする毎日で、その功績を認められて幹部候補生にまでなりました。

それでもどうしても気になっていたのが、本部では現場のことなんてまったく頭になく、みんな上司の顔色ばかり見て仕事をしていたことです。それぞれが自分の身を守ることで精いっぱいで、そこには現場もお客様ですら不在という状態でした。

ずっと現場で苦しんでいる人たちと接してきたので、この状態を受け入れることができず、ついにとある公式の場で当時のＣＥＯに感じていることをすべて直言しました。会社をよくしたい一心だったのですが、次期ＣＥＯ批判という大失態のおまけがついてしまいました。

そして左遷、降格、減給と、その事件をきっかけにして、第一線から陥落していきました。あちこちの部署へ移り、行った先では常に白い目で見られました。最後に行った部署には、社内でも部下いじめで有名な幹部が待ち構えていました。組織の中で出る杭的存在だった僕は、毎日徹底的なパワハラで追いつめられていきました。

「もうダメだ」「これ以上生きていてもしょうがない」自暴自棄となった僕は、駅のホームから飛び込もうとしました。当時はまだ言葉が浸透していませんでしたが、いわゆるうつ状態だったと思います。

とうとう行き場を失い、会社を辞め、ベンチャー企業の立ち上げに参画したのです。これまでとはまったく別の仕事がしたい！、ゼロから立ち上げる仕事に参画したい！、そんな思いにピッタリの会社だったのですが、またもパワハラがあり、計画が甘く経営不振に陥り、わずか3か月で倒産してしまいます。

それから数か月間は、ハローワークに通ったりしながら失業状態が続き、何とか就職先を見つけましたが、その会社では仕事らしい仕事もなく、社員同士の会話もほとんどない重苦しい雰囲気。ずっと事務所にいると頭がおかしくなりそうなほどでした。

お金を節約するために家から持参した弁当を公園のベンチで食べていると、野良犬が近くに寄ってきました。僕は思わず「お前、オレと同じやな……」と話しかけました。結局1年後に退職して、会社から逃げるように独立の道へ進むことになりました。

これが、僕が独立に至った経緯です。まさに「会社員失格人生」を歩んだ末に、自分でシゴトをつくる道にたどり着いてきたわけです。

今僕は、この経験を生かして働き方について指南しています。**むしろこんな苦しい経験があったからこそできたシゴト**だと思っています。

講師業では、失敗談や体験談とその節々から学んだことをねたに話をしています。一人の人間の失敗談をわざわざ遠方から聞きに来てくださる人もいて、本当にありがたいことです。

会社員時代の失敗という「原石」が、独立して磨かれたことで「ダイヤモンド」となってキラキラと輝きだしたわけです。

人生で起こる出来事にはすべて意味があります。「今がつらい」「何で自分だけこんな目にあうの……」と、もしそう思うことがあっても、その出来事は後になって必ずプラスになって跳ね返ってきます。よかったときよりも悪かったときのほうが、学びや得るものはたくさんあります。悪いときほど相手の気持ちを考えられるからです。

自分でシゴトをつくって成功できるか否かは、その人がどれだけ多くの、もしくは大きな苦労をしてきたかがものさしになります。苦労したぶんだけ人間は厚みを増します。自分にはこれといった取り柄や才能もない。そう思っているなら苦労したこと、失敗したこと、挫折したことを書き出してみてください。

「好きなこと」はニヤニヤしながら妄想してみよう

リソースの洗い出しの二つ目が、自分が好きなことを探すことです。「好きなことがわからない」という人もたくさんいます。そんなときは、まず普段の生活から振り返ってみましょう。

買い物をしているときに、やたらと目につくものありませんか？　ネットで記事を読むときに、いつも気になるものはどんなものですか？　休日はいつもどんなことをしていますか？　何気ない毎日の中で知らず知らずのうちに興味・関心があるものの中にこそ、実はあなたの「好き」が隠れています。

リソースとなる好きなことを洗い出すときの発想法があります。

「ニヤニヤしながら妄想《もうそう》する」ことです。あんなことやりたい、こんなことを試してみたい。ネットで調べたり、本を読んだりしながら、ニヤニヤ、ワクワク、ドキドキする、これが、好きなこと、原石をダイヤモンドに変えるために必要なことです。

ニヤニヤなんて変な感じ、と思ったかもしれません。実はニヤニヤこそ重要な要素です。自分でシゴトをつくるというのは今までなかったものをつくることです。

「こんなものがあったらいいな……」「できたらいいな……」と、妄想すると自然とニヤニヤしてくるはず。逆に、ニヤニヤがない妄想は、どんなに考えてもあなたにとっての原石とはなり得ません。

具体的にイメージがふくらんでくるとニヤニヤは最高潮になってきます。自分がたのしいと思えないことで、相手（将来のお客様）をたのしませることはできません。ニヤニヤ妄想はとても大切なステップです。

大好きなことなら、自分からどんどん勉強していきます。無理せずできるので「努力している」という気持ちもありません。何よりも、好きで覚えた知識はずっと残っていきますし、アイデアも次から次へと湧いてきます。後で振り返ると自分でも驚くほどの成長スピードになっています。

無理矢理勉強しても続きません。せっかく覚えた知識も、その場限りになりがちです。大事なのはニヤニヤしながら好きを極めること。好きを極めることができたら、いずれその道の専門家になることができます。

自分の強みを見つけたいときに誰もが陥る落とし穴

「あなたの強みは何ですか？」と尋ねても、なかなか答えられない人がほとんどです。それもそのはず、実は**「自分のことは自分ではわからない」**からです。例えば、好きなことを100個書き出してみたとします。ところが、やればやるほど「自分は何がしたいのか」が、だんだんわからなくなってきてしまいます。なぜでしょうか？

それは第三者に話してみるというプロセスを踏んでいないからです。まず自分自身を振り返って書き出すことは重要です。これなくして棚卸しの一歩は踏み出せません。ただ自分で自分を見つめ直すには限界があります。人は誰しも、自分では気づけない部分があるからです。

「ジョハリの窓」という心理学のモデルをご存じでしょうか？　人には、**①自分も他人も知っている自分と、②自分では気づいていないが他人は知っている自分、③自分は知っているが他人は気づいていない自分、そして④自分も他人も気づいていない自分**という4つの窓があるという話です。

人間関係をスムーズにし、コミュニケーションの円滑化を図るには、①の「自分も他人も知っている自分」を大きくすることが必要です。②の「自分では気づいていないが他人は知っている自分」に第三者の力が必要となります。

第三者の力を借りるためには、自分のことをすべてオープンにして話すことです。話を始めると「あっ、自分はこんなことを思っていたんだ」「こんなところに熱が入るんだ」ということが、だんだんわかってきます。一人でノートに書いているだけで

ジョハリの窓

	自分は知っている	自分は気づいていない
他人は知っている	❶「開放の窓」 自分も他人も知っている自分	❷「盲点の窓」 自分は気づいていないが 他人は知っている自分
他人は気づいていない	❸「秘密の窓」 自分は知っているが 他人は気づいていない自分	❹「未知の窓」 自分や他人も知らない自分

は、絶対に気づかないことです。さらに、人に話すことで、より頭の整理がついてきます。

そして**一番重要なことは、話した相手から得られるフィードバック**です。

「それってすごいことですよね」「えっ？　自分では当たり前だと思っていました」

こんなやりとりが起こり、自分では気づいていないが他人は知っている自分を知ることになり、自分の本当の強みや魅力が発見できる瞬間です。このように棚卸しをフィニッシュまでもっていくには第三者の力が必須です。一人で考えただけで答えを求めないようにしてください。ちゃんとしたフィードバックが期待できる第三者と会話する場をつくって取り組むことをお勧めします。

5

シゴトづくりのねたは意外なところに眠っている

誰かに質問された瞬間、頭の中に実際、それをやっている自分の姿が映像として浮かんでくることはありませんか？　それをするならこれとこれ、シチュエーションはこんな感じと、どんどんイメージが湧き出てくるような感じです。

例えば「山が手に入ったら何がしたい？」と質問され、それなら開拓して、小屋を建てて、キャンプ場をつくって、お客様にはこうしてああして……といったことが浮かんでくる。すぐにやりたくなって、自分の中ですぐにでも動きだしたくなる。そんな妄想状態です。

熱量・こだわり・没頭の三つのキーワードを掘り下げていこう

人にはある分野でアイデアが湧きだしたり、話が止まらなくなるようなものがあります。熱量が上がるとはこういう状態を言います。話しながら思わず手に汗握ってい たり、知らないうちに力が入っていたりする自分に気づく瞬間です。

一方で、夢中になり過ぎて自分では熱量が上がった瞬間に気づかないこともありま す。そんなときは周囲の誰かが気がつくものです。「さっきまでと急にテンションが 変わったよ」と言われたことはないですか？　そんなときは、「あっ、今この話をし ていたら自分の熱量が上がってたんだ」と意識して、メモしておくといいでしょう。

こだわりとは、自分が絶対に譲れないものです。他人から見たら何でそこまでやる の？と、思われるような自分だけの特別な思いです。例えばジーンズはリーバイスし かはかない。そんなささいなこともこだわりの一つです。

没頭は、脇目もふらずに集中できる事柄。朝から晩までやっていても時間を忘れて 飽きずに続けられることや、考え始めたら気になって他のことが手につかなくなるよ うな状態です。例えば、動画編集を始めたらいつまでも作業し続けられるといったこ とです。そのことを考えていると、さまざまなアイデアが湧きだしてきて、寝ていて もその場で起き上がってメモを取ったり、パジャマのままパソコンに向かっているよ うな状態です。

熱量・こだわり・没頭は、それぞれ将来のシゴトの原石となる重要なキーワードになります。あたかもその分野の職人になったようにシゴトをつくっていく「職人的シゴトづくり」は新しい時代のキーワード。ぜひ掘り下げてみましょう。

飲み会の場はアイデアの宝の山、いつでもメモを取る習慣をつくろう

シゴトの原石探しとして格好の場所が、飲み会の場です。例えば、会議の席ではろくにアイデアが出なかったのに、その後の懇親会でやたら話が盛り上がり、いいアイデアがどんどん出てきた。そんな経験をしたことはないですか？

コミュニティメンバー定例の集まりでは、3〜4人に分かれてお互いのシゴトのアイデアについてブレストします。相手のために真剣モードで話すので有益な意見がたくさん出てきます。ただ、有益であっても「弾けた発想」まで到達するのは難しいものです。

定例会の後、近所のファミレスで懇親会をしました。少しお酒も入れながら雑談に花が咲いていき、あるメンバーの話題になりました。そのメンバーは、南米のある国

に住んだ経験を生かしコミュニティをつくる、とんがったシゴトのねたを思案中でした。周囲のメンバーも面白がって次から次へとアイデアを出します。

「それいいね！　面白いと思う」「こんなのもありじゃない？」など、みんなの意見は肯定的なものばかり。一人のコメントに、他の人も乗っけていって、相乗効果でどんどん発想が膨らんでいきます。

会議室で話していたときとみんなの表情も変わってキラキラと輝いています。何かを決めないといけないという制約がない自由な場だからこそ、頭が柔軟になって、躊《ちゅう》躇《ちょ》なく意見が言えたのだと思います。

だから僕は、**「飲み会の場ではメモを用意しておいて、必ず記録しておこう」**といっています。ここで出た話を「いいね！　いいね！」と、ただ聞き流していたらどうなるでしょう？　翌朝になるとそんな話はすっかり忘れてしまい、「何か面白いアイデアがたくさん出ていたような気がするけれど……」で終わってしまいます。

ドイツの心理学者、ヘルマン・エビングハウスが発表した「忘却曲線」によれば、人は1日で74％ものことを忘れてしまうそうです。お酒を飲んでいればなおさらのことです。その場でメモを取っておかないと、せっかくのアイデアや発想もすべて消え去ってしまいます。これではもったいないですよね。

一度降りて、その後消えたアイデアは二度とお目にかかることはありません。メモするものがなければテーブルの上にあるペーパーナプキンでもいいのです。メモ帳代わりとして使われるナプキンは「ナプキンスケッチ」とも呼ばれています。**さまざまな業界で大きな影響を及ぼしたアイデアは、実はナプキンスケッチから生まれた**といわれるほど、アイデアの原石がレストランや飲み屋で生まれているのです。

起業の学び場「起想塾」を運営する相《あい》曽《そ》尚《なお》人《ひと》さんは、事業部長から二段階降格を味わった苦い経験を生かし、他人評価に左右されない働き方を静岡から発信しています。彼の学び場では「ワイガヤ会議」が定番となっています。肩肘張らない飲み会のノリで、フランクなやりとりが行われています。

シゴトの原石探しにはどんなときでもアンテナを立てておくこと。真面目で固い場であろうが、遊びの場であろうが、どこで何をしていてもです。常に戦闘に入れるモードにしておくことです。

パソコンに例えると、電源をＯＦＦにするのではなく、スリープ状態にしておいて、すぐにスイッチが入れられるようにしておきたいものです。

成功するシゴトづくりの基盤
「素直」「謙虚」「行動」

シゴトづくりに向く人はどんな人ですか？とよく聞かれます。もしかしたらバイタリティがある、能力が高い、人前でプレゼンするのがうまいなどといったイメージがあるかもしれません。

起業は意志が強くないとできない、コミュニケーション力が必要などと思っているかもしれません。でも、そんなことは重要ではありません。表に出てくるような情熱や卓越したスキルもいりません。意志はやりながら固めていけば大丈夫です。コミュニケーションは相手とのキャッチボールができるかが重要です。

自分でシゴトをつくるのに必要な資質は「素直」「謙虚」「行動」の三つです。うまくいかない人はその逆です。そして本気でやろうと決めたら、あきらめることなくやり続けること。やり始めるとうまくいかないことがたくさん出てきます。でも動いている過程でうまくいかなかったことは失敗ではありません。次への改善提案です。改善を重ねるから本物になっていきます。

6

「会社員＋複業の時間管理」まずやろう！ 時間の棚卸し

会社員を続けながら複業するとき重要になるのが時間管理です。

「複業準備をしようと思っていましたが、最近仕事が忙しくなって毎日の帰宅も深夜続きです。週末にやろうと思ったけれど疲れがたまってできず、気づいたらお昼すぎまで寝てしまいました。そして、また月曜日になって仕事が始まり……」

「会社が忙しい」。これは複業が挫折する一番の理由です。では、どうしたら解決できるのでしょう？

それは**「空いた時間でやろうとしない」こと**です。時間がないという人の多くは自分がどんな毎日を送っているか、実はよくわかっていないものです。そこでまずやってほしいのが時間の棚卸しです。朝起きてから夜寝るまでどんな時間の使い方をしているかを書き出してみることです。

まずは、平均的な一日でやってみましょう。「無駄な飲み会」「しなくてもいい残業」

「ぼーっとしている時間」など、書き出してみると毎日こんなふうに過ごしているんだということが客観的にわかります。

無駄にしている時間が見えてきて、意外に隙間時間があることにも気づきます。そして、時間の棚卸しの中で「自分のために使える時間はどこにあるのか？」を見定めます。そしてできるところから行動に変えていきます。

やるべきことを習慣化するには3か月がんばることです

一日をどうやって過ごしているかの時間の棚卸しができたら、次は習慣にしていきます。

例えば「新聞を読みながらシゴトのねたになりそうな情報を拾う」「通勤電車でラジオを聞いて情報をインプットする」「何か発見したら、その都度メモをとる」「朝起きてブログタイトルを考える」といった感じです。

最初のうちは大変ですが、まず3日間がんばってみましょう。3日間続けることができたら次は1週間続けてみます。そして、1週間できたら3週間、3週間できたら

3か月間、3か月間続いたら習慣化されます。

慣れてくればスムーズにできるようになります。毎朝、歯を磨くのと同じように、「やらないと不快に感じる」「何だか落ち着かない」と感じるようになったら習慣化は完成です。気がつけば大きな力になっています。

「時間がとれないのなら会社を辞めて集中したほうがいいのでは？」と言う人もいます。しかし、僕はいきなり会社を辞めてしまうのはNGだと思っています。

忙しい中で、時間管理術を身につけることは、その先、ひとりビジネスを始めるときに大いに役立つからです。

一人でシゴトをすれば、うるさい上司もいませんし、ノルマを課されることもありません。自由で制約がないぶん、遊んでいても誰も文句は言いません。人は楽な方へと流されがちです。最初はやる気があっても、いつまでもがんばれるわけではありません。時間管理ができずに挫折してしまった人をこれまで何人も見てきました。

大事なのは自分として意志を持って時間管理をすることです。そのために、会社員をやりながら、その術を身につけることが大切です。習慣化の絶好のチャンスでもあるのです。

朝15分間だけ集中してやってみましょう

ぜひ早起きの習慣をつくってください。朝は脳がリセットされ、動きやすく、吸収力が増しています。発想も柔軟に広がります。**早起きを習慣化することが一日の質を大きく左右**します。複業は朝時間を活用するのがお勧めです。最初は朝起きてからの15分間に取り組んでみましょう。慣れてきたら30分間に延ばしていきます。

起きてから朝ごはんを食べるまでが一番集中できる時間です。会社が終わってからやろうとか、週末にまとめてやろうとか考えがちですが、どちらもあまり現実的とはいえません。会社で疲れた頭で情報は入ってこないし、新しい発想なんて生まれないものです。週末も余裕があるからとダラダラしがちです。

「時間がないからできない」と言っている人はずっと今のままです。

与えられた時間は24時間、みんな平等で、その中でどうするかがすべて。限られた時間を有効に使いましょう。

第2章の
まとめ

◎何ができるかではなく、「なぜ」それがしたいのかがシゴトづくりの土台

◎「じぶん振り返りヒストリー」がシゴトづくりのヒントになる

◎自分軸とは生き方の指針で、拠り所になるもの

◎自分では大したことないと思うようなことが、他の人の役に立つこともある

◎つらい経験も後になって必ずプラスになって跳ね返ってくる

◎熱量・こだわり・没頭は将来のシゴトの原石となる重要なキーワード

◎優れたアイデアは「ナプキンスケッチ」から生まれている

◎シゴトをつくるのに必要な資質は「素直」「謙虚」「行動」の三つ

◎時間がないという人の多くは「空いた時間でやろう」と考えがち

◎会社員を続けながら時間管理術を身につける

第3章

「誰に」「何を」「どうやって」の三つから売れる商品やサービスを考えよう

1

何を売るかの前に「誰」に買ってもらうかを考える

「何を売るか」の前に考えるべきは「誰」に買ってもらうかということです。お客様の心理や行動がイメージできなければ、具体的に何を提供するかがイメージできず、他にない独自の商品やサービスが思いつかないからです。

まず、自分がそのビジネスのお客様になったときに、どのように行動するのかを考えてみます。気になる商品やサービスがあると、「同じようなものはないか」と他のお店も見たくなります。売り場で「これっていいな」とか、「もっとこんな品ぞろえがあったらいいのに」とか、あれこれ考えるでしょう。ネットで最新の情報を集めたりすることも多いでしょう。これがお客様の心理や行動です。

ビジネスはお客様と同じ目線になることが一番大切なこと。わからなくなったらお客様自身の気持ちになります。お客様目線になることが自然にできる状態になるまで繰り返し思考を働かせます。

お客様がどうなるのか？という「価値」から考えてみよう

最初に考えたいのが、あなたが売る商品やサービスが、お客様にどんな「価値」を提供できるかです。価値とは、お客様が「どうなるのか？」という意味です。

例えばショップに洋服を買いに来た人は洋服そのものが欲しくて来店したのでしょうか？　実はそうではないはずです。「来週デートがあるから」「合コンで目を惹《ひ》きたいから」などの思いがあります。**人は洋服そのものがほしいのではなく、その先に「こんなふうになりたい」という願望がある**わけです。これが価値です。

価値を考えるとき、頭に思い描きたいのが、「感動をつくる」こと。お客様の感動をつくるにはどうしたらいいかという視点で価値を考えると発想が広がり、ワクワクが募っていきます。「誰が、どうなるのか？」を考えることは、シゴトをつくる上での根幹になります。さらにどうすれば「お客様が、感動するのか？」です。

「ドリルを売るなら穴を売れ」は価値を表すものとしてよく使われるフレーズです。ドリルを買いに来るお客様が求めているのは穴をあけることで、ドリルを買うことではないという意味です。どんな人がどうなってほしいのか？　しっかり掘り下げていきましょう。

「たった一人」のお客様をイメージしてみよう

まず、理想のお客様像を描きます。理想のお客様とは「こんな人が目の前に現れたら、自分として最高のサービスが提供できる」という人のことで、「ペルソナ」といいます。ペルソナをつくるキーワードは「たった一人」。曖昧《あいまい》であってはいけません。

「どんな人をお客様にしたいですか？」と質問すると、「20代から40代の女性」とか「高齢者の人」と返ってくることが多いものです。これはNGです。21歳と46歳の女性ではまったく異なりますし、高齢者だけでは何歳の人なのかもわかりません。

「33歳独身、大手IT企業でチームリーダーを務める都心で一人暮らしの女性」など、誰が聞いてもその人物が具体的にイメージできることが大切です。

「たった一人」を思い描く手順について、「理想のお客様像シート」（91ページ）をもとに解説していきます。

理想のお客様像シート

名　前	佐藤　晃一
性　別	男
年　齢	46歳
家族構成	妻43歳、小学6年娘、小学2年息子の4人暮らし
住まい	通勤1時間強の郊外のマンション築8年　持ち家
勤務先・役職	製造業、一部上場企業　総務部課長3年目
世帯年収	800万円　　妻パート100万円
趣味	ドライブ、黒のミニバンに乗る、自転車はロードバイクを持っている、ちょっとしたデザイン、80年代の音楽
好きなブランド	トヨタ、スノーピーク　休日はアウトドア系の服を着ている
外食頻度	週に2回会社の同僚と飲み、週に1回家族で外食、近所の焼き肉屋がごひいき
よく見るテレビ番組・雑誌	ネット・TV 情熱大陸、ガイアの夜明け、湘南スタイル、BRUTUS、珈琲時間
性格	温厚で几帳面。決められたことがちゃんとできないと気になってしようがない。周囲に対して気配りができる。その半面疲れてしまうときがある。石橋をたたいて渡るタイプ。自分なりにこだわりを持ったことには頑固。
価値観	家族を大切にすることを第一に考えつつ、自分が大事にしていることを守り通す人生を送りたい。自由で解放的な生活を愛する。
今、どういう状況に置かれていて何にこまっているのか？何に悩んでいるのか？	管理職になってしばらく経つ。年齢的にも会社員としての将来が見えてきた。最近は人の管理ばかりやって自分がやりたいことができなくなってきている。このままではいけない、何か始めないと、と思っている。でも何から始めていいかわからない……。

ステップ1　実在する人物で考える「理想のお客様像シート」

理想のお客様像を考えるときは、名前、性別、年齢といった項目から始まります。お客様像といっても架空の人物ではなく、「実在の人物」に置き換えることです。家族や友人などの身近な人、職場の上司や部下、同僚などです。例えば「日頃からお付き合いのある同じマンションに住む佐藤さん」を当てはめてみる感じです。

そうすることで、その人がどんな毎日を送っていて、どんな話をしていて、こんなことにこまっている、あんなことができたらいいなと思っているなどが具体的に想像できるようになります。以下のように項目ごとにお客様像を描いていきましょう。

> 佐藤晃一さん、奥さんと小学6年生の娘、小学2年生の息子の4人暮らし。通勤片道1時間の郊外のマンションに住む。大手製造業の総務課長で年収は800万円。休日はアウトドア系の服を着ている、車はミニバン系、焼き肉のお店に定期的に通っている、テレビ番組ではドキュメンタリーや大河ドラマ系のものを見ている……。

好きなブランドは洋服だけでなくその人が興味ある分野のブランドで考えます。例えば、車好きならトヨタ、アウトドア好きならスノーピークといった感じです。

さらに性格、価値観、今どういう状況に置かれていて、何にこまっているのかなどを具体的に書きます。

> 年齢的にも会社員としての将来が見えてきた。最近は人の管理ばかりやって自分がやりたいことができなくなってきている。このままではいけない、何か始めないと、と思っている。でも何から始めていいかわからない……。

このシートの完成度合いを測るには第三者に説明してみます。相手から「どういう人なのかイメージできたよ」といってもらえたら完成。逆によくわからないといわれたら再考の余地があります。

ステップ2 なぜその人なのかを明確にしよう

ステップ1と並行して「なぜその人を選んだのか」も考えていきましょう。「何となくこんな感じの人」ではまだ弱く、相手に届くメッセージが不足しています。数ある類似の商品やサービスの中から、「あなたから買いたい」「あなたにお願いしたい」と選んでもらうことにはつながりません。

自分の視点で見ると、「これまで生きてきた人生を踏まえ、こんな人をサポートしたい」というもの。お客様からの視点では「この人だったら自分のことを理解してくれるだろう」と感じてもらえるものです。

過去の自分を振り返ってみてください。上司との関係で相当悩んできたから、今そういう状況にある人をサポートしたい、という感じです。そのころの自分を思い出すと、相手の悩みもわかります。相手の気持ちを自分事として受け止めることができる。お客様を決めるときに重要なポイントになります。

ステップ3

共感図をつくってお客様を明確にしよう

実際のお客様像を描く作業では、「佐藤さんだったら上司との関係に悩んだときにどう考えるだろう?」など、その人の思考パターンまで掘り下げられるのがベストです。思考パターンを何もない状態で考えるのは難しいので、「共感図」をつくってみ

共感図

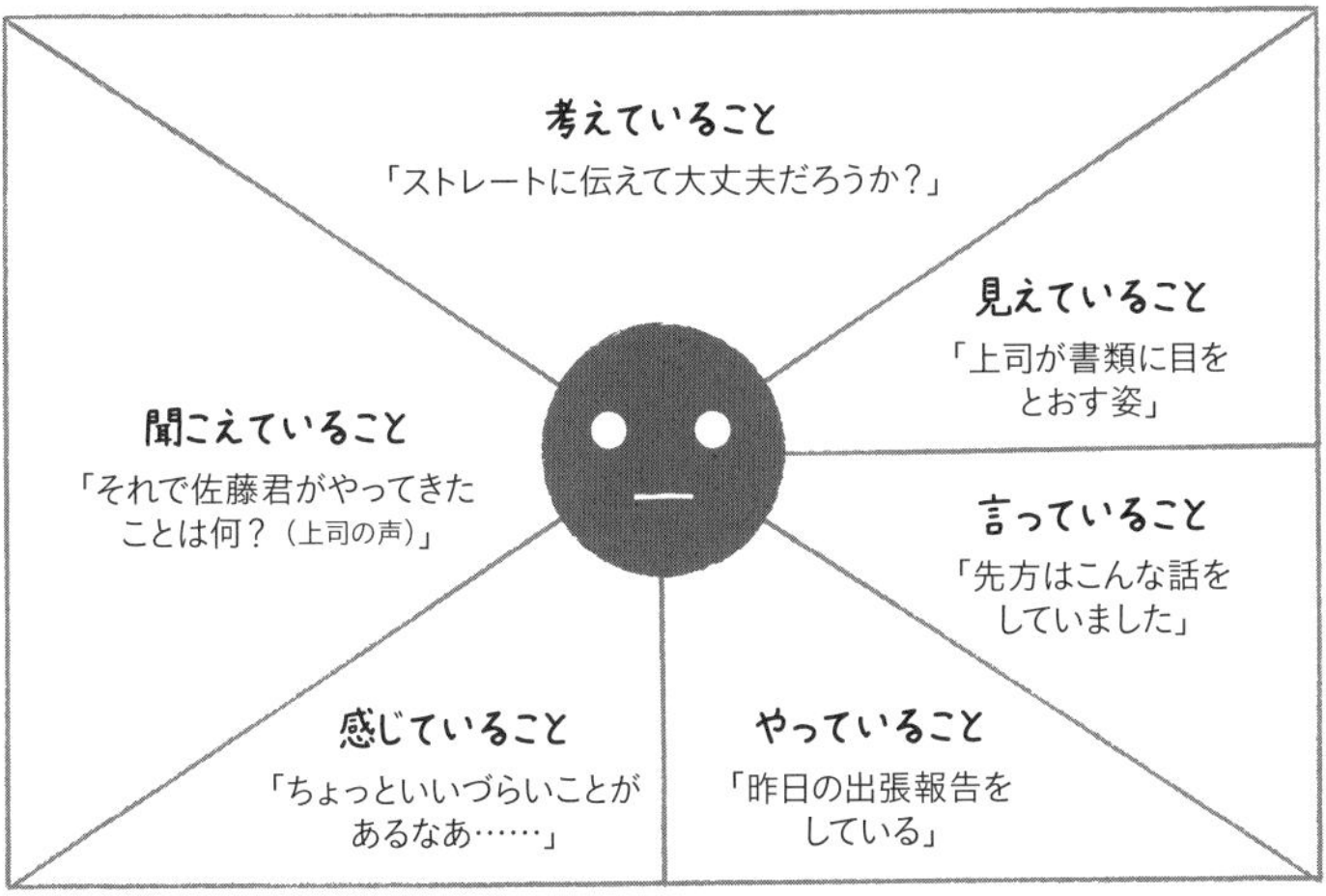
考えていること
「ストレートに伝えて大丈夫だろうか？」
見えていること
「上司が書類に目をとおす姿」
聞こえていること
「それで佐藤君がやってきたことは何？（上司の声）」
言っていること
「先方はこんな話をしていました」
感じていること
「ちょっといいづらいことがあるなあ……」
やっていること
「昨日の出張報告をしている」

ます（95ページ図参照）。

まずお客様にしたい人を中心の丸に置きます。次にその人が見えていること、言っていること、考えていること、聞こえていること、感じていること、やっていることを枠の中に書いていきます。この作業をする中で、その人がその場面でどういう心理状態にいるのかを具体的に浮かび上がらせることができます。

ステップ4　悩みを100個洗い出してみよう

仕上げの作業です。描いたお客様の悩みを書き出していきます。

悩みを知る方法には二つあります。一つ目は実際にお客様に近そうな人に直接聞いてみることです。とはいえ、本人に「今どんなことで悩んでいるんですか？」と、ストレートに聞いても話しづらいものです。雑談の中で聞き耳を立ててそれっぽい話が出たらその場でメモをするようにしてください。

二つ目はネットで調べる方法です。身の周りにお客様になりそうな人がいないときは、「ヤフー知恵袋」などのQ＆Aサイトで悩みごとをチェックします。

悩みを書き出す目標は１００個以上です。「え〜、そんなに！」と思ったかもしれません。それでも１００個以上にこだわることが肝心です。１００個以上書くことで悩みは出尽くし、その人の悩みが手に取るようにわかるからです。

また、作業には手書きをお勧めします。手書きすることで脳が働き、パソコンで入力するよりもずっとはるかに染み込んできます。後から手書き文字を見てそのときに感じていたことも思い出すという効果もあります。

手間のかかる作業です。でもここで決して手を抜かないことです。悩みをすべて理解すること。実はこれが「専門家」になる第一歩だからです。

悩みを理解できたら何をしてあげたらいいかが自ずとわかってきます。悩みに精通するからこそ、その人が本当に必要としている商品やサービスを生み出すことができます。

2

お客様に「何を」売るのか考えよう

「誰」に売るのかのお客様が明確になったら、続いて「何を」売るかです。商品・サービスのイメージを固めていく手順を解説します。

ステップ1　自分のリソースキーワードを決めよう

最初に自分の中にあるリソース（資源）のキーワードを決めていきます。第2章で導き出した「じぶん振り返り」の中から探っていきます。

「じぶん振り返り」の中で、何度も出てきたもの、書いていて熱量が上がったもの、他よりたくさんの量を書いたものなどをポイントに置き、見直していきます。

選ぶキーワードの視点は三つあります。**一つはワクワクと熱量、二つ目がやってきたこと、そして三つ目はマイナス体験（コンプレックス・苦労・失敗）**です。

キーワードの中に「コンプレックスに感じてきたこと」がなぜ入っているのかを説

明します。人はみんな何かしらコンプレックスを持ち、できたら解消したいと思っています。自分のコンプレックスについて誰かに相談したいと思ったとき、あなたならどんな人に相談するでしょうか？

自分の気持ちを理解してくれる人、同じコンプレックスを抱えている人ではないですか？　コンプレックスは経験した人にしか本当の気持ちはわからないものです。

同じように「失敗の経験」も重要なリソースになります。

「自分なりの軸足や大まかな方向も決めず、ろくに準備もしないでスタートしたら、1年半食べていけなかった」という僕の失敗体験。こんなやり方で失敗したからその逆を指南しようと考えました。

「起業には軸足と大まかな方向性を決める準備が必須」だと。すべて自分の失敗からねたが出て、その裏返しがノウハウになっています。

「自分はこれまで失敗ばかり……」。そんなふうに感じているとしたらそれは他にないチャンスです。失敗の数が多ければ多いほどノウハウに厚みが出ます。説得力も増すし、何より相手の気持ちが理解できます。そして理解は信頼につながります。これは何物にも代え難いことです。

ステップ2 「面白いかも」という軽いノリで始める専門分野マトリクス発想法

ステップ1で洗い出したキーワードを使って、自分はどんな専門分野を立てるのかを考えていきます。自分でシゴトをつくるとは、その分野での専門家になるということです。100ページにあるような専門分野マトリクスをつくっていきます。縦軸、横軸それぞれに三つのキーワードを記入します。

次にそれぞれのキーワードを掛け合わせて、できそうなことのアイデア出しをします。出てきたアイデアを枠の中に書き出していきます。**ここでのこつはそれがお金になるのか、ビジネスとして成り立つのかといった枠を取っ払って考えること**です。

「こんなのあったらいいな」「面白いかも」。そんな軽いノリでOKです。この作業はアイデアや発想を広げていくのがねらいなので、堅苦しく考えずとにかく量を書いていくことを意識します。縦軸と横軸は順序が異なり、マトリクスで思考できるようになっています。また、網掛けの部分は「このアイデアならさらに具体的になりそう」「やってみたい」と思ったものです。

もう一つ重要になるのが記入していく過程です。どんな思考をしていたのかを欄外

専門分野マトリクス

	③【マイナス体験】考え過ぎる	②【やってきたこと】企画・IT	①【ワクワクと熱量】自然・仲間
①【ワクワクと熱量】自然・仲間	自然の中で瞑想	「生きる力」自然体験	自然体験教室
	星空研究家	大人の冒険ツアー	雪の中で将棋大会
	合宿してリフレッシュ	自然の中で同窓会	星好きの人集まれ
		冬の暖炉ほっこり体験	
		バーチャルキャンプツアー	
		ITで星空観測できる仕組み	
②【やってきたこと】企画・IT	プロジェクトをがうまくまわるための上司部下のつくり方	わがままをかなえる旅行計画	旅行友の会立ち上げ
	業務をスムーズにまわすチームプレー	互いの初体験チャレンジ	誰よりも北海道をたのしむ講習会
		北海道一周計画	
		ITを使ったコミュニティづくり	
③【マイナス体験】考え過ぎる	コミュニケーションオンライン講座	飲み会企画スペシャリスト	
	理想の上司セミナー		

メモ

図のメモ欄の記述例

・「自然・仲間」×「企画・IT」は発想が広がった
・「考え過ぎる」×「考え過ぎる」はたのしさが感じられなかった
・考えを深めるほど「自然体験」に熱量が上がることがわかった

にメモしていってください。表を完成させるためにやるのではありません。そこに至るまでに自分がどんな思考をしているのかをつかむのが目的です。

ステップ3　実体験からのアプローチをプラスしよう

商品・サービスを考える上で欠かしてはならないのが、あなたの実体験です。「こんなサービスを受けてうれしかった」「こんなものがあったらいいなとずっと思ってきた」「自分が本当にこまっていたことはこんなこと」などを思い出して専門分野マトリクスに書き足していきます。

ステップ2で出したアイデアにも実体験のあるものはさらに具体的に考えてください。時流を見たらこんなことがうけるかも？程度では説得力が不足しています。あくまで自分の実体験と照らし合わせてみることです。

日常の中からすぐに実体験を生かせる方法を紹介します。

「最近、会社の人間関係で悩むことがあります」「上司とうまくいかなくてこまっています」こんな話を聞くことがあります。「今、感じている気持ちをそのまま具体的にメモにとっておこうよ」「ブログに書くのもありだよ」そんなときは必ずこうアドバイスします。日常の悩みやこまったことが、今後のシゴトづくりに生かせるからです。お客様との対面は、相手の気持ちをきちんと受け止めることから始まります。「こんなことでこまっていませんか？」をよりリアルに伝えるためには、自分が本当にこまったときの感情を覚えておく必要があります。

また、通常は自分がワクワクすることを軸足に置いて、そこに経験してきたことを掛け合わせていきますが、中には自分のワクワクが見つからないというケースもあります。そんなときは「経験から入ってワクワク熱量を見つける」という順番で考えてみましょう。

まず、これまでやってきたことを書き出していきます。例えば、現場でパートさんのサポートをずっとしてきた経験を持っていたとします。

自分の経験を振り返る過程で、今でも鮮明に映像が残っているような出来事を思い出してみます。すると「パートさんがいきいきと働き始めることにやりがいや熱量を感じる」ことに気づくかもしれません。

こうして、現場で実作業に従事する人のやる気を引き出すことにワクワク熱量があることがわかります。そこからパートという立場でも職場で活躍してもらうために指南する専門家として立つといったイメージができます。

ステップ4　マトリクスから専門分野とやりたいものを決める

こうして書き出し終えたものを再度ながめてみます。組み合わせの中でたくさんのアイデアを書けたものが専門分野の組み合わせです。一つのジャンルだけだと他にもやっている人がいます。複数のジャンルを掛け合わせることで専門性は高まります。

書いたアイデアの中から、「その先がどんどん想像できる」「これをやってみたい」ものがあればそれにマークを付けます。専門分野の組み合わせの中でマークが付いたものを商品・サービスとして具体化していきます。

こうしたステップで生まれた商品やサービスもたくさんあります。

例えば、子どものころから大のマンガ好きで、マンガから元気や勇気をもらった人生経験を生かし、マンガを使って他にない記念日プレゼントを提供する「ギフトマンガ」の専門家、長年携わってきた加工食品の知識と、働くお母さんとして子育てや家事を通じて体験してきたことを掛け合わせた「働くママの食を楽にする」専門家など新しいシゴトが生まれています。

3

「そんなことがシゴトになるの？」と言われたらチャンス

「そんなことでビジネスとしてやっていけるとは思えない」「絶対うまくいくはずないよ」

もし、あなたのアイデアに対して、こんなふうにいわれたらどう思うでしょう？「やっぱりダメか……」そうあきらめる前に、なぜそういわれるのか考えてみてください。それは、あなたのアイデアが、相手にとって今まで聞いたこともなく、経験のない世界の話だからです。

わからないということは、誰もまだやっていないということです。だからこそ、チャンスなのです。

既存のものの延長線上に新しいシゴトは生まれません。シゴトづくりは自分の可能性を試すことです。型にはまって可能性を閉ざさないでください。それは人生に自ら蓋をするようなものです。

「え〜、そんなの無理に決まってるよ」。他人にそんなふうに言われたり、みんなから否定されるものにこそ価値があると認識してください。

「地方だから」できないのではなく、できるコトを考えよう

地方に住む方から相談を受けることがあります。

「地方は人口が減る一方だし、新しいシゴトなんてつくってもうまくいかないのでは？」「こんな片田舎で、できることなどあるんでしょうか？」

その考え方は間違いです。「地方にいるからできない」ではなく、むしろ**「地方にいるからこそ価値がある」**と、視点を１８０度変えてみてください。

地方には、都会のありきたりなものよりもずっとその土地ならではの魅力があります。素材そのものの新鮮さ、自然の恵み、人が持つ技など、実は地元にいる人はその魅力に気づけないでいることが多いものです。一番いいのは、外から来た人に魅力を聞いてみることです。

魅力に気づくことができたら、今度は積極的に情報を発信してみましょう。今は

ネットを使えば、どんなところからでも情報を発信することができ、**地方の価値を世界中に広めていくことが可能**です。その上で、情報のフィードバックを得てシゴトの原石を探り、深めていけばいいのです。

東京や大阪などの大都市でなければ、ビジネスができないわけではありません。ウェブ会議システムを使えば全国どこにいても仕事ができます。今では、都会の会社が地方に拠点を移転する事例も出てきているほどです。人混みや満員電車での通勤、コンクリートジャングルの中にいるよりも、おいしい空気を吸ってのんびりと緑をながめながら仕事をした方が生産性はダンゼン、アップします。

地方の魅力はまだまだあります。地方在住者は同じ会社員でも都会ほど拘束されることなく自由な時間が捻出できたり、月々の生活コストが低いこともメリットになります。地方にある資源の価値の掘り起こしさえできれば。**都会よりもずっと地の利があること**に気づいてほしいと思います。

僕も講演セミナーで地方に行くことがよくあります。そうした場では、話を吸収しようとする空気感が違います。地方には情報をリアルに得る場が極端に少ないのが実情。数少ないチャンスをものにしようという意気込みの表れだと思います。

「一般社団法人ＮｉｎｊａＴＡＧ協会」の荒《あら》木《き》崇《たかし》さんは、出身地である三重県が「伊賀忍者の里」であることに着目してビジネスを考案しました。レーザー手裏剣などのグッズ開発やイベントを各地で展開しています。忍者文化を通じて食や宿泊など地元の活性化に貢献しています。

「地方にいるから」「年をとっているから」「子育てしているから」などを理由に、自分には無理だと感じるのは、単なる思い込みにすぎません。そんな思い込みはすべて取っ払ってしまいましょう。

弱みに見えることが逆転の発想で強みに変わります。今いる場所、年齢、置かれた環境はまったく関係ありません。地方ならではのあたたかい人と人との心の通い合いなど、人の温もりが共存し合える場所をシゴトに変えていきましょう。

4

商品・サービスを具体化するためにトライしたい発想法

漠然と「こんな商品・サービスがビジネスになるのでは？」というアイデアが固まってきたら、お客様にどのような形で提供していくかを具体化する作業に入ります。その際に、役立つ三つの手法を紹介します。

その1　三点発想法で商品・サービスのアイデアが広がる

三点とは「物」「教える」「場」をいいます。お客様に提供できそうな商品・サービスを物で売ったらどんなものがあるだろう？　教えるとしたら何ができるだろう？場をつくるとしたらどんなことができるだろう？　と発想することです。

例えば、木工品をつくって販売（物）しようと思っているなら、参加者を募って木工品製作の教室（教える）を開いたり、木工品をつくる会を立ち上げたりして会員制コミュニティにする（場）こともできます。「手づくり商品の販売をしたいと考えているが、同じような手づくり品を販売しているお店も多く、差別化するために何かできることはないだろうか？」。そんなときに役立ちます。

その2 製作や開発のプロセスそのものを商品化してしまう

物ができていくプロセスをそのまま商品化するという発想法です。例えば、プロセスを動画撮影し、動画サイトにアップしてつくり方教材にして販売する、木工品のつくり方を本にまとめて販売するなどです。単なる作業としか思っていなかった製作プロセスを「体験」というビジネスに変えることで、よろこんでもらえるわけです。

その3 物とサービスを組み合わせて商品化する

「洋服の販売にカラーコーディネートを加える」など、物を売る場合にサービスを加えることができます。

「この青いシャツがほしいけれど、手持ちのジャケットやパンツとどう組み合わせればいいの？」。そんなお客様の悩みに応えられるサービスを付加することで、競合店との差別化を図ることも可能となります。

5

商品やサービスを「どうやって」売るのかを考えよう

商品・サービスには大きく二つのステップがあります。**一つ目が、「お試しや体験型の商品」**で、**二つ目が「収益をつくる本命商品」**です。一般的にお試しをフロントエンド商品、本命をバックエンド商品と呼びます。まずフロントエンドを買っていただき、納得した上でバックエンドに進んでいただくという流れになります。

例えば、英会話教室の場合、最初に体験レッスンがあり、気に入れば、本講座を申し込むという流れになっています。二つの流れがスムーズになるようなフロントエンド、バックエンドの商品・サービスをつくっていく必要があるわけです。

さらに**大切なことは、一度買ってもらったお客様に繰り返し買ってもらうこと**です。毎回新しいお客様を見つけていくのには相当な手間とコストがかかります。今月はもうかったけど、来月は見込みが立たないという不安定な経営状態にもなります。収益を安定させるためには、繰り返し買ってもらえる仕組みづくりが必要になります。取引が一過性でその都度収益が上がるものをフロー収入、継続的に収益が上がるものをストック収入といいます。毎月定期的にストック収入が入ってくるような商品をつくります。商品・サービスは両者のバランスを考えて組み立てていきます。

「見込み客→お試し→本命→ストック」という水やり理論

実際にはお試し商品を買っていただけるように関心がある人を集めていくのが入り口になります。これを見込み客といいます。見込み客を集めるための一つの方法が、無料プレゼントです。

個別相談、セミナー、イベント開催などをビジネスとする場合、無料プレゼントは冊子などを物理的に用意するとお金がかかるので、ネット上で小冊子や診断チェックシートをつくったり、教本動画を用意します。

無料プレゼント→お試し商品→バックエンド商品→ストック売り上げという全体の流れを１１２ページのような図にまとめていきます。

じょうごを想像してみてください。水の流れは入り口が広く下に行くにしたがって細くなります。さらに、じょうごの下にたらいを置いておけば、流れ出た水がたまり、広がっていくようなイメージです。このように常時、水をあげながら受け皿に水がたまっていくような循環をつくっていきます。これを「水やり理論」と呼んでいます。

顧客獲得「水やり理論」

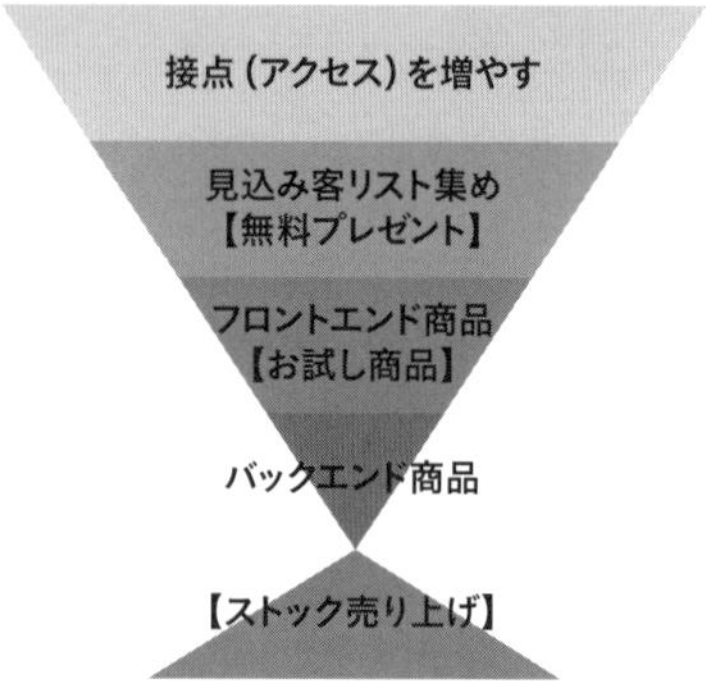

商品やサービスによっても異なりますが、ホームページにアクセスした人が、無料プレゼントを申し込んで「見込み客」となる確率は1〜5％程度といわれます。これを1％とした場合、50人の見込み客を集めるためには5000アクセスが必要です。さらに、成約率をそれぞれ20％で設定した場合、見込み客のうちフロントエンド商品を購入するのが10人で、バックエンド商品までたどり着くのはわずか2人という計算になります。

例えば、月に12万円の売り上げを目標にした場合、バックエンド商品が単価3万円なら、4人のお客様に購入してもらう必要があります。逆算していけば、フロントエンド商品の購入者は20人となり、見込み客は100人で、ホームページには月に1万のアクセスが必要というわけです。

お客様の心に響くキャッチコピーをつくる

商品・サービスは商品名、具体的内容、単価で構成されます。商品名はホームページなどに記載されるものです。ねらうところは**思わずクリックしたくなるようなネーミング**です。これをキャッチコピーと呼びます。具体的内容はお客様目線でつくります。商品名、具体的内容ともに意識しないと売り手目線になりがちです。あくまでその商品を買うとお客様がどうなるのか、「主語をお客様」にして考えてください。「1000曲をポケットの中に入れられる」。これはiPodが発売されたときの伝説的キャッチコピーです。「業界最小サイズで最大容量」という表現にならないようにしたいものです。

6

理屈だけでは買わない！心を動かす感情物語づくり

どんなにいい商品やサービスを思いついても、理論や数字だけで売ることはできません。**お客様が「買いたい」「ほしい」と思うのは感情、すなわち心**だからです。商売は相手の気持ちを理解することが肝心です。

例えば、あなたが車の購入を検討し、ディーラーを訪れたとします。最初に訪れたディーラーの営業マンは、「この車はハイブリッドモデルで、ターボを搭載し、高性能ダブルサスペンションを採用しています」と説明しました。

次に訪れたディーラーの営業マンは同じ車をこんなふうに説明しました。「これからはご家族でキャンプに行かれることも増えますよね。荷物も一度に積めて車内は広々としています。長距離ドライブも疲れない構造になっていて、道中、お子さんとの会話も弾むこと間違いありません」

さて、あなたはどちらの営業マンの言葉に心が動きましたか？　おそらく後者ではないでしょうか。人がものを買うという行動に移るのは、購入後のたのしいイメージや映像が頭に浮かぶからです。決して、理論だけではないのです。

もう一つ紹介しましょう。東京に手づくりランドセルの販売から業を起こし、行列ができるほど人気になったかばん屋さんがあります。

そのホームページには、「こどもたちが6年間、毎日使うかばんであること。それが、職人たちの心の中心にある思い」「ランドセルづくりの先にある、こどもたちの毎日に心を寄せて。ご家族の心の中で生き続けるかばんを、スタッフみんなでつくります」。

こんなメッセージとともに職人さんが一つ一つ大切につくる姿の写真と映像が並んでいます。思いが伝わり、心が動かされませんか？

お客様の購買行動は商品・サービスを見つけ（Attention）、関心を持ち（Interest）、さらに調べていき（Search）、購入し（Action）、周囲に話す（Share）という段階を踏みます。頭文字を取って**AISAS（アイサス）と呼ばれる消費者の購買行動プロセス**です。

例えば、ダイエットしたけれど、なかなか続けられないというのが悩み、というAさん。「今度こそはダイエットを成功させたい」と考え、ネットでいろいろな情報を検索します。

そんな中見つけた（Attention）のが、「10回失敗した私でもできた！　究極のダイエット法」というDVD。Aさんと同じ悩みを抱えながら成功したという人の方法を知りたいとDVDに関心を持ちます（Interest）。「でも他にも何かいい方法があるんじゃないかなあ？」。そう思ってさらに調べていきます。

DVDの製作者がどのような人物なのか、実際に使用した人からの評判はどうかなどをネットの口コミ情報などで調べたり、類似品やDVD以外の商品がないかを検索（Search）したりします。信頼できそうだし、他のダイエット法よりも自分向きだと思い、最初に関心を持ったDVDを購入します（Action）。

DVDを実際に使ってみると、確かに今までにないやり方だし、これなら今度こそダイエットに成功しそうだと満足したAさんは、SNSに投稿したり、友達にも話をしていきます（Share）。

このように、自分が気に入った商品やサービスをSNSなどを使って積極的に拡散していきます。このAさんが拡散した情報が、Bさん、Cさんという次のお客様のAISASにもつながっていくわけです。

心を動かす「感情物語シート」にまとめてみよう

これらを一つにまとめていきます。「存在を知る、関心を持つ、調べる、欲しくなる、買う、他人に話す」という買い手の購買行動の6ステップです。

「見つけてもらう、見込み客になる、さらに知ってもらう、フロントエンド商品を買ってもらう、フォローする、バックエンド商品に進んでもらう」という売り手の導線設計。この二つを掛け合わせて物語をつむいでいきます。118ページにあるようにシートへ書き起こしていきます。これは購買心理を組み立てる重要なツールとなります。流れは、Attention（注意）→Interest（興味）→Search（検索）→Desire（欲求）→Action（行動）→Share（共有）の順番です。

118ページは、介護勉強会を商品・サービスとしてシゴトにすることを考えているケースです。このように「感情物語シート」を読んでいる人が情景をイメージできるような文章をつくります。できたら第三者に読み聞かせて不自然さがないか確認してもらうといいでしょう。

感情物語シート

誰が・どうなる	介護に対して何もわからず不安な人が何をすればいいか わかるようになる
ペルソナ	働きながら介護が始められるようになりたいと思っている45歳男性
フロントエンド商品	初めての介護勉強会
購入プロセス	物語調で書いてください。
Attention（注意）	遠方に暮らす親も高齢になり、いつ介護が必要になってもおかしくない状況にある。介護について学んでおきたいと思いつつ、何から学んでよいかがまったくわからない。書店に行き介護関連の本を読んだものの初心者向けのものが少ない。ネットでいろいろ見ていた。
Interest（興味）	その中で目にとまったサイトには、初めて経験する介護についての心構えや認知症のチェック方法など、離れて暮らしながら介護を進めていく方法など、実際に役に立ちそうなねたがたくさん書かれていた。
Search（検索）	他にもわかりやすく説明がしてあるサイトはいくつかあったが、以前に目にとまったサイトなら一番自分がほしい情報が得られるとあらためて感じた。また運営者のプロフィールで、仕事と介護を両立している姿にも共感を持った。
Desire（欲求）	介護については、とにかく大変なイメージしかなく不安なことだらけ。親には少しでも長生きしてもらいたい。そう考えると仕事をしながら介護を段取りよく進めていく方法を学ぶのが自分にできることと思い学びたい意欲が湧いてきた。
Action（行動）	再びあのサイトを見てみると勉強会の案内があった。内容は初めての介護の進め方や心構えなど。どんな人が参加するのかにも興味があるが、やはり自分と同じような環境で仕事と介護を両立する運営者に会っ てみたい。平日夜の開催なので土日をつぶすこともない。申し込むことにした。
Share（共有）	いよいよ勉強会の日。わからないことにも懇切丁寧に答えてくれた。運営者は思った通りの人柄だった。一方的ではなく、具体例を交えながらの解説や参加者と一緒に行うワークショップなど、とてもたのしい時間で介護への不安が少し和らいだ。親の介護に悩んでいる友人にも教えてあげたくなった。

7 お客様から「選ばれる理由」をつくるためにやるべきこととは？

ここまで理論と感情両面から商品・サービスを考えてきました。しかし、それだけではまだ世の中にたくさんある商品・サービスの中から選んでもらうことはできません。

必要なのは「選ばれる理由」づくり。ここからは、選ばれる理由をどのようにつくっていくのかを解説します。

競合となる企業や個人をリサーチしてみよう

リサーチとは、あなたがビジネスとして考えている専門分野において、競合となる企業や個人を事前に調べておくことです。

自分で考えたアイデアは、他にない世の中にたった一つのものということはあり得ません。「彼を知り己を知れば百戦殆《あや》うからず（孫子《そんし》）」というように、必要なことはまず相手を知り自分を知ることです。

リサーチは、リアルとネットの両方で行っていきます。最初にリアルでのリサーチ方法です。**「あなたのお客様はどこにいますか？」「常日頃どんなものを見ていますか？」「どんな人と話していますか？」**。この三つの視点で調べていきます。

リアルの世界でお客様とどうすれば接点が持てるのか？　その場にはどんな情報があるのか？　既存のビジネスに勝るものをつくっていく必要があります。例えば、ダイエットをしたい人がお客様であれば、書店のダイエット本コーナーでその関連の本を見ていたり、スポーツクラブの体験会に参加していたりします。

次にネットです。ネットはお客様になりきって検索してみます。ここでは、言葉選び、つまり検索キーワードがとても重要になります。あなたが自分の商品・サービスを購入しようと思っているお客様だったら、どんな言葉を入れて検索しますか？　例えば、ダイエットがしたい人なら「リバウンドしない方法」「ダイエットが続く方法」といった検索ワードを入れていくでしょう。

さらに、そのキーワードで検索して上位表示されたサイトをいくつかピックアップしてリサーチします。それらに勝る情報やコンテンツを用意することで、お客様はあなたを選んでくれる可能性が高まる、シンプルに言えばそれだけです。

どのような情報が必要なのかを見定めるために、一つ一つのページを丁寧に見ていきます。何をテーマにしたコラムか？　商品・サービスはどんなものを提供しているのか？　フロントエンドとバックエンドは何なのか？　価格はいくらなのか？　ユーザーから見たいい点、いま一歩の点の両方を書き出していきます。

例えば、ダイエットの継続に特化したところはよかったけれど、どんな年代を相手にしているのかがいま一つわからなかったという感じです。いいと思うところはまねする、いま一歩と思うところで自分ができそうなところを取り入れていく。この二つを実践することが他にないオリジナルを生み出すことにつながります。

リサーチすることで競合他社のことがよくわかることに加え、どんな情報が書かれているのか、売れ筋は何かを知ることでお客様のニーズも見えてきます。逆にリサーチが不十分だと、競合よりも見劣りしたり、特徴のない商品・サービスになってしまい、「お客様から選んでもらえる」ようにはなりません。時間をかけてしっかり取り組んでみてください。

「しぼる×とんがる」がキーワード

世の中には商品・サービスがあふれ、同じような種類のものも無数にあります。その中であなたの商品・サービスを選んでもらうために何をしていけばいいのでしょうか？　他にはないものをつくるキーワードとして「しぼる×とんがる」という考え方があります。できるだけしぼった狭い範囲で、より他にはないとんがったものをつくるという意味です。

福田直樹さんは、子どものころに受けた劣等感から周囲を気にする性格でした。一方で相手の内面に気を配るという一面も育みました。自分の殻を破ることができたのは、ボードゲームと出合いでした。今では、ボードゲームと人の心理を掛け合わせて、相手の気持ちを引き出したり、ビジネスをわかりやすく表現するボードゲームコーチとして活動しています。

「しぼる×とんがる」で選ばれる理由を強化してください。

行き着くところは商品より人にあり！

ここでちょっと想像してみてください。近所に二軒のラーメン屋があったとします。お店の大きさもラーメンの種類も味も値段もほぼ同じくらいのお店です。あなたは何を基準にどちらの店に入るかを決めるでしょうか？

最後の決め手は、「店主の人柄がいい」「スタッフが笑顔で対応してくれる」、つまり商品やサービスを提供する人ではないでしょうか？　選ばれる理由は商品・サービスそのものだけではありません。誰（どんな人）が提供しているのかが、決め手となります。

二軒のうち値段が安いけど店主の接客が横柄なA店と、値段は少し高いけれど店主の人柄がよくてスタッフもキビキビと動いて見ていて気持ちいいB店では、やはりB店の方が繁盛します。

もちろん価値観はそれぞれ違いますが、「あなたから買いたい！」とお客様から思ってもらえるような人になることです。ものがあふれる時代だからこそ、あなたという「人」が差別化になるわけです。

「写心家」の永田《ながた》知之《ともゆき》さんは「写心」、すなわち心を写すカメラマンです。自動車部品の営業マンだった永田さんは40歳のころに血液のがんを患いました。ステージⅣの状態でした。闘病の苦難を乗り越え、一人でも多くの人を笑顔にしたい思いで大好きなカメラマンとして独立しました。

カメラマンは世の中に星の数ほどいます。そんな中で「永田さんにお願いしたい！」という人が絶えないのは、彼のバックグラウンドからにじみ出るあたたかい人柄があるからです。

手前味噌ですがこんな事例もあります。「会社員時代に苦労されたプロフィールを拝見しました。三宅さんなら自分の気持ちをわかってくれるような気がしました」

こんな話をしてくださる人が多数いらっしゃいます。働き方の相談がしたいのなら他にもたくさんのコンサルタントや先生がいたはずです。なのに僕を選んで来ていただいたのには、理由があります。最後の決め手は「人」そのものなのです。

8

「シゴトがまわる設計図」をつくってみよう

この章のまとめとして、これまで紹介してきた一つ一つの要素が、ビジネス全体としてどう流れていくのかについて図解で解説していきます（127ページ図参照）。個別に話してきた要素の一つ一つがつながって、初めてビジネスは成り立っていきます。それが、「シゴトがまわる設計図」です。ここで重要なことは「お客様目線でイメージしてみる」ということです。

まず、理想とするお客様像をベースに「お客様はこんな人」と想定してみてください。例えば、理想とするお客様を「定年する父親にとっておきの贈り物をしたい36歳女性」とします。

①「3か月後はお父さんが定年になる。何かいい贈り物はできないかな？」とスマホで調べものをします。でもありきたりなものばかりでした。

②さらにいろいろ探していると「感謝の気持ちをマンガにするプレゼント」という

タイトルが目に留まりました。ブログには、まさに今自分が思っていることが書かれています。そこからホームページを詳しく見ていきます。運営者は自分同じ女性で、仕事を始めたきっかけにも共感できました。

③ホームページには「思い出をつくるこつ」という無料冊子があったので、取り寄せてみることにしました。

④⑤その後、メルマガが届くようになりました。家族の想い出づくりのエッセイ的なもので、さらに興味がわくようになりました。

⑥⑦毎日の忙しさにかまけていると、あっという間に時間が過ぎていきました。「もうそろそろ決めないと」と、ずっと気になっていた贈り物サービスを申し込むことにしました。その後、先方とのやりとりが始まりました。予想を超える深いインタビューによって、自分の内面にあった父親への感謝の気持ちを引き出してくれました。そして、できあがった作品はまさに感動もの。プレゼントするとお父さんは泣きじゃくっていました。「本当に頼んでよかった」と、心から感じています。

⑧⑨さらに、同僚のAさんも記念日のプレゼントにこまっていると聞き、「感謝の気持ちをマンガにする」このサイトを紹介したのです。

シゴトがまわる設計図

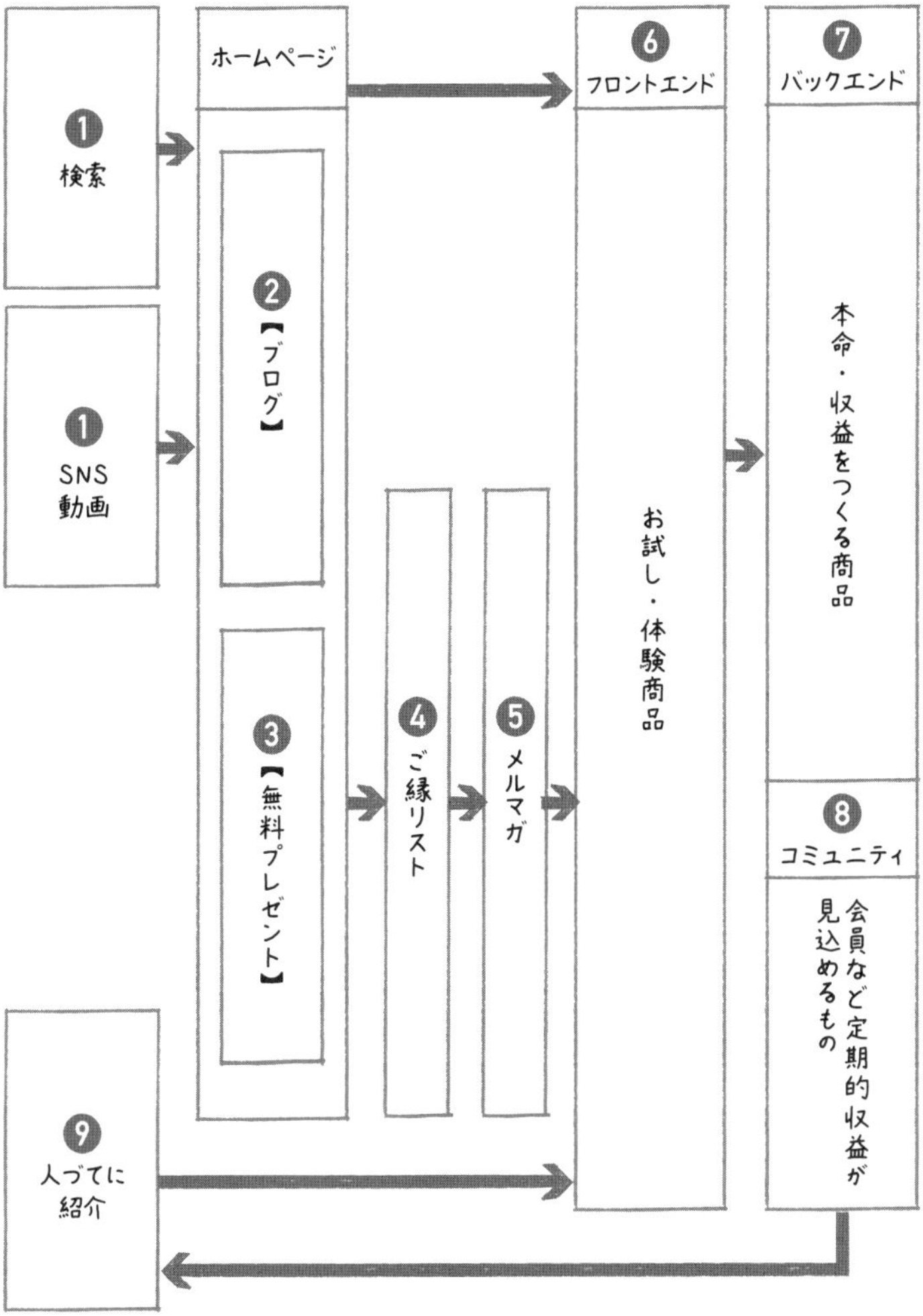
1 検索
1 SNS 動画
ホームページ
2【ブログ】
3【無料プレゼント】
4 ご縁リスト
5 メルマガ
6 フロントエンド
お試し・体験商品
7 バックエンド
本命・収益をつくる商品
8 コミュニティ
会員など定期的収益が見込めるもの
9 人づてに紹介

解説を読んで気づいたことはありますか？　ここにはこれまでお伝えしてきた要素がすべて入っています。①～⑨の導線がスムーズに流れることによってシゴトがまわるようになる、まさに設計図なのです。「ここが自然な流れになっていない」「②（ホームページへのアクセス）から、④⑤（メルマガ登録）への導線がスムーズでない」など、不完全なところがあれば、各々の地点に戻って、具体的につくり直してみましょう。

「まわる」というネーミングはリピートや口コミが発生して、ビジネスが自然に循環するという意味です。ビジネスは一過性のものでは意味がありません。「ずっと続くシゴトづくり」のために、この設計図を常に立ち返ることが大切です。

第３章の まとめ

◎「何を売るか」の前に考えるべきは「誰」に買ってもらうか

◎お客様をイメージするペルソナづくりの４ステップ

ステップ1 お客様像は架空ではなく実在する人物で考える
家族や友人、職場の上司や部下、同僚などをイメージする

ステップ2 なぜその人に決めたのかを明確にする
「こんな人をサポートしたい、喜んでもらいたい」という理由を明確にする

ステップ3 その人になったつもりで考える
対象となる人物の思考パターンを掘り下げていく

ステップ4 その人の悩みを１００個書き出す
悩みを理解することで「何をしてあげたらいいか」＝商品・サービスが明確になる

◎お客様に「何を」売るかを考える４ステップ

ステップ1 自分のリソースキーワードを決める
ワクワクと熱量、失敗や苦労などのマイナス体験から考える

ステップ2 「面白いかも」という軽い気持ちが大切
「お金になる」「ビジネスとして成り立つ」という以前に「面白い」ことが大事

ステップ3 自分がうれしかった体験を生かす
ほしいと思っていた、うれしかったサービスや商品を思い出す

ステップ4 専門分野と扱う商品・サービスを確定する
「やってみたい」「シゴトをしている様子が想像できる」もの具現化する

第3章の
まとめ

◎「地方だからできない」ではなく「地方だからできる」価値を探す

◎「物」「教える」「場」の三点で商品・サービスを考える

例：木工品を販売する（物）だけでなく、体験教室（教える）や工芸品のコミュニティ（場）を提供

◎物やサービスを販売するだけでなく、「つくるプロセス」を商品化する

例：木工品の制作過程を動画サイトにアップしてつくり方を教材にして販売するなど

◎物とサービスを組み合わせて商品化する

例：衣料品の販売に、コーディネートというサービスを付加価値として組み合わせる

◎フロントエンド商品（お試しや体験型の商品）→バックエンド商品（収益をつくる本命商品）という二種類の商品をつくる

◎顧客の購買行動「存在を知る、関心を持つ、調べる、欲しくなる、買う、他人に話す」という6ステップを理解する

◎競合をリサーチして、よいところは吸収し差別化を図る

第4章

売り込むのは商品より「あなた自身」

1

ひと目見てわかるキャッチフレーズをつくろう

ビジネスをスタートしたら、まずあなた自身のことを一人でも多くの人に、より深く知ってもらうことが重要です。**知ってもらうためには、キャッチフレーズ、肩書、プロフィールの三つを形にしていきます。**この章ではこの三要素のつくり方と、名刺について解説していきます。

キャッチフレーズは13文字という短い言葉で表現する

いいキャッチフレーズとは、「誰が」「どうなる」かについて、ひと目で理解できるように短い言葉で表現されたものです。短いと言ってもどれくらいのものでしょうか。それは、13文字以内です。なぜ13文字なのでしょう。

ポータルサイト「ヤフー・ジャパン」が運営する「ヤフーニュース」のトップペー

ジの見出しタイトルを目にしたことがあると思います。この見出しは13文字以内です。ヤフーは、月間ページビュー数が１３０億を超える国内で最も影響力のあるメディアの一つ。

「人が一度に知覚できる範囲は９～13文字程度」という京都大学の研究結果もあります。「読む」のではなくひと目で「飛び込んでくる」文字数が13文字以内というわけです。

誰がは「顧客」、どうなるは「提供価値」です。提供価値とは商品・サービスを買うことでお客様がどうなるか、つまり問題解決と言い換えることもできます。

最初に必要なステップは「誰が」を明確にすることです。

「20～30代の女性」「50代以上の男性」といった漠然としたものではなく、第３章で紹介したペルソナ同様にしぼり込んで具体的に顧客像を描く必要があります。

「36歳で大手広告代理店に勤めるＯＬ。ウイークデーは残業の連続で、疲れを癒やすために週末はヨガに行ってリフレッシュしています。一方で、仕事、仕事の毎日に流されて、自分が本当は何をしたいのか？　これからどうしたらいいのか？　わからなくなっているのが悩みです」。

そして、「どうなる」を導き出すために、このＯＬが今抱える悩みを徹底的に書き出してみます。顧客像が明確でないとその人が抱える悩みはわかりませんし、悩みがわかっていないのに解決することはできません。

さらに、「誰が」「どうなる」を分解して考えてみます。人が行動を起こす源泉は突きつめると「悩み」と「欲望」の二つになります。「悩み」、もしくは「欲望」が解決することに対して人は対価を支払います。その解決策の手段としての「商品・サービス」があなたのビジネスということです。

【悩み・欲望】→【提供価値】→【商品・サービス】という順番です。商品・サービスのアイデア出しから入ってしまいがちですが、それでは、自分がどのようなビジネスをして、何を世の中に提供しようとしているのかが見えにくくなります。

お客様がお金を出してでもほしいと思っているのは「得られる価値」です。決して商品・サービスという物にお金を払っているのではありません。

最初はキャッチフレーズのベースとなる文章でできるだけ具体的に書いていきます。まずは長くなってもOKです。僕の例でいうと――。

「働き方や生き方でモヤモヤし、『このままではいけない。でもどうしたらいいの？』」という【悩み】を解決して、「毎日をたのしく生きていけるようになる【提供価値】」のためにシゴトづくりプログラムや仲間づくりコミュニティという【商品・サービス】がある、というイメージになります。

次にこの長い文章から無駄なものを削ぎ落としていきます。削ぎ落とした先に本質だけが残り、それがキャッチフレーズになっていきます。

僕の例だと**「働くを広げ、生き方を変える」**です。

「働くを広げ」「生き方を変える」すべて相手に伝えたいフレーズになります。働き方や生き方でモヤモヤした人がシゴトづくりで自分らしい人生を歩めるようになるという顧客と提供価値を盛り込んでいきます。

「誰が」「どうなる」を磨いていくには、いつも口に出す習慣をつけることです。

「あなたのお客様ってどんな人なの？」「で、その人はどうなるの？」

シゴトづくりの仲間と質問し合ってみるのもいいでしょう。質問されると考え、人に話すと深掘りできます。何度も繰り返すことによってハラ落ちするようになります。

キャッチフレーズは、ひと目見て相手の心に残る内容までつくり込めたらベストです。名刺、チラシ、ホームページでこのフレーズを見た人の心に響き、思い出してもらえるものがキャッチフレーズです。

2

「○○と言えば自分」の看板づくり
～狭い範囲で第一人者になろう

会社員経験しかない人は、肩書と聞くと部長とか課長、主任をまず思い浮かべるでしょう。しかし、これらは会社という看板あっての肩書です。

自分でシゴトを始めるときに必要なのは、会社名や役職などではなく、「何ができるのか」「どんな人なのか」がわかるものです。あなた自身に関心を持ってもらうような肩書をつくります。

僕の肩書は「働き方多様化コンサルタント」です。時代に即応した自分だけの働き方を一緒に形にしていきたいという思いで付けました。名刺交換をすると「働き方多様化って何ですか?」など、質問されることがよくあります。

質問するということは、関心を持ってくれたということです。そして説明することでコミュニケーションも生まれ、初対面の相手に自分のことを知ってもらう、アピールのチャンスが与えられます。

「働き方多様化コンサルタントって何ですか？」と聞かれたときは、「自分らしく生きていける働き方を形にすることです」と説明します。

実際のビジネス現場では、初対面でいきなり相手から興味を持ってもらい、いろいろ質問されるなんてそうそうないことです。

「これってどんなお仕事なんですか？」と質問をしてもらえるような肩書を考えてみましょう。

対象をしぼって「世界でたった一つの」肩書をつくる

肩書を考えるときに陥りやすいのが、対象を広くしてしまうことです。具体例を挙げてみます。

ＩＴ企業に長年勤めていたＡさんが会社を辞めて独立しました。Ａさんに、「お客様はどんな人ですか？」と質問すると、「さまざまな業種でＩＴに関わる人。ＩＴに関心がある人すべてです」。こんな答えが返ってきました。

続けて、「ではどんな肩書にしますか？」と質問すると、「ＩＴ総合コンサルタントはどうでしょう」と、Aさん。

これはよくありません。IT業界に長年勤めてきただけあって、知識も幅広いのでどんなことでも相談に乗ることができるというのがウリになるという気持ちでしょう。間口を広げて一人でも多くのお客様をつかみたい思いで、つい範囲を広げてみたくなる。逆に範囲を狭めてしまうとお客様を逃してしまうのではないかと考えてしまいがちです。

しかし、それではお客様の心に響きません。お客様の立場であなたのビジネスを見たとき、**「あなたは何をしてくれる人なのか？」「自分の悩みをどうやって解決してくれるのか？」がひと目でわかることが重要**なのです。

「総合」コンサルタントというと一見「何でもできそう」に思えますが、相手から見ると何をしてくれるのかがわかりません。**「なんでも屋」は結局のところ「何もできない屋」に等しくなります。**ペルソナづくりで解説した通り、あなたが提供する商品・サービスで解決すべきなのはたった一人です。

Aさんの場合、飲食店のITコンサルタント、さらにしぼり込んで、チェーン店ではなく、個人経営の飲食店の集客問題をITによって解決するコンサルタントとして、

「個人飲食店専門ＳＮＳ集客コンサルタント」までしぼり込んでいきます。

どうでしょう？　ここまでしぼり込めば「私の問題を解決してくれるに違いない」と、心に響くはずです。「自分はあなたの悩みをこういう方法で解決します！」というふうに、肩書はできるだけ具体的にしぼり込んでつくっていきましょう。

こうして対象を絞った上で、働き方を多様化するコミュニティから生まれた肩書はどれもオリジナリティがありユニークなものばかりです。

セカンドフィットネスパートナー……スポーツクラブで挫折した人をサポートする
プロ合コンコーチ……モテない30代男性へ恋愛方法を指南
非行診断士……非行の兆しの出た小学生を素直な心に育てる
人の輪演出家……定年後で孤独になりがちな人を生きがいある活動でサポートする
古都通訳案内士……京都ならではの魅力を外国人に指南
楽食士……働くお母さんが加工食品を上手に使えるようにサポートする
なからいふデザイナー……信州ならではのちょうどいい暮らしを提案する

みんな今まで世の中に存在しなかったものばかりです。既存の仕事と同じことをやってもワクワクしませんよね。これからは今世の中にないシゴトをつくり出していくことにやりがいを見つけていく時代です。肩書は新しい職業づくりです。「世界でたった一つの職業づくり」を目指しましょう。

自分がつくった肩書が、10年後、20年後に新しい職業になっている。どうです？ワクワクした気持ちになりませんか。今まで世の中になかった職業をつくる気概を肩書に込めてみましょう。

肩書を名乗ることで肩書にふさわしい人物になるものです

「専門分野を決めたら肩書を決めて名刺をつくるのが重要とのことですが、まだ実績もない段階で意味があるのでしょうか？」

こんな質問を受けることがあります。実績がない状態で「〇〇の専門家」と名乗ることは、確かに度胸がいることかもしれません。しかし、情報を発信しなければ誰も寄ってきません。専門家であることを名乗ることで初めて周囲に人が集まってきます。

肩書には不思議な力があります。名乗っているうちにどんどん自分自身が肩書に近づいていくのです。平社員だったのに主任の肩書がついたことでリーダーとしての自覚が芽生えるのと同じです。

最初から完璧な肩書をつくるなんて、それこそ無理な話です。発信して試行錯誤しながら自分なりの立ち位置を決めていきます。試行錯誤を何度も繰り返すことができるのが複業期間ならではのメリットです。

言葉があるからシゴトが生まれます。肩書は名乗った者勝ち。**先に名乗った人がその分野でのビジネスの先駆者**になります。

大人かけっこ教室、コスタリカらてん塾、内向的な営業マン育成、お稽古事の断捨離、ボードゲームでコミュニケーション、マンガで想い出プレゼント……。僕のまわりで活動する人たちが創り出した専門分野は挙げたらきりがありません。

「そんなことが仕事になるの？」。仕事になるわけがないと多くの人が思うからこそ、そこにビジネスチャンスがあり、「そんなこと」でごはんを食べていこうと考えるのがシゴトづくりです。世の中にない自分だけのシゴトをゼロから創り出すことにこだわってください。

3

お客様から選んでもらう「物語プロフィール」をつくる

解決したい問題があるとき、ネットで検索したり、本を探したり、セミナーを調べたりしますね。いくつかの候補の中から、さらに選ぶときホームページの運営者や本の著者、セミナーの講師は「どんな人なんだろう？」ということが気になります。それを教えてくれるのがプロフィールです。いくらホームページに書かれている内容がよくても、運営している人が自分と合いそうにないと、そこから先のアクションにはつながりません。

ビジネスの実践活動がスタートすると、相手との接点づくりは多岐にわたります。自己紹介するとき、ホームページやブログ、SNSで情報発信するとき、チラシをつくるときなど、プロフィールはあらゆる場面で必要となります。その出来次第でお客様の集まり方は大きく変わります。一般的に、著者紹介や運営者紹介の文章には「プロフィール」と「経歴」とがあります（143ページ参照）。

経歴とプロフィールの違い

【経歴】
1996年東京大学卒。米○○にてMBA取得後（株）○○○社入社。人事部を経て採用および組織コンサルティング、ブランドコンサルティング、マーケティングの新規事業を経験。その後１社の取締役を経て（株）○○社代表取締役に就任。全国で講演多数、著書多数……。

【プロフィール】
1996年東京大学卒。米○○にてMBA取得後（株）○○○社入社、順風満帆なコースを歩む。ところが家業の経営危機に直面、家業再生に乗り出すことに。環境の激変と年上の上司とのコミュニケーションに苦労しながら３年間で黒字回復。株式会社○○社代表取締役に就任。全国で講演多数、著書多数……。

二つの文章を比べてみてどう感じましたか？　**経歴からは「立派な人だ」というイメージ**を受けたでしょう。一方**プロフィールからは「人となりやその人の裏側が垣間見えた」**感じではないでしょうか？　これが経歴とプロフィールの違いです。

肝心なのはお客様に「立派な人だ」と感心してもらうことではありません。プロフィールのように、読んだ人が共感でき、信頼へと発展させるプロセスが大切なのです。

相手の琴線に触れるプロフィールに仕上げるには心を動かされる「物語化」を意識します。立派な経歴だけでは相手の心は動きません。

プロフィールを物語化するこつはこれまで歩んできた人生で起こった「山と谷」を探すこと

です。第2章の「じぶん振り返りヒストリー」のように、今でも映像が浮かんでくるくらい脳裏に残っている出来事、うれしかったこと、たのしかったこと。逆に苦労したこと、つらかったこと、失敗したことなど、漫然と書くのではなく、そのときの経験が今の自分にどうつながっているかを考えながら書くのがこつです。

人は誰もが大なり小なりアップダウンがあるものです。自分が一番輝いていた時代と自分が一番沈んでいた時代、そのときの気持ちも含めて、苦労を乗り越えたから今があることを物語にしていくのです。ずっと平穏なままということはあり得ません。

山（よいとき）と谷（悪いとき）は一度きりではなく、常に連続して起こります。**山→谷→山→谷→山……、これを「Wの法則」と呼んでいます。**多くのドラマはこの黄金律にもとづいて物語が構成され、ドラマチックな展開が人の心を惹きつけるのです。

お客様が共感するネガティブなキーワードを盛り込む

もう一つ、プロフィールに盛り込みたいのが共感です。相手と「共通点」になりそうなことを言葉として盛り込んでいきます。

1964年生まれ、広島出身、香川大学卒業、12年間兵庫に住んでいた、電機メーカーに勤めていた、抜擢人事、左遷降格、仕事を干される、パワハラ、ベンチャー立ち上げ、倒産、失業……など、僕の場合はこんなキーワードをプロフィールに散りばめています。すべて共通している必要はなく、共感できるキーワードがどれかに当てはまればOKです。

「プロフィールを拝見しました。私も左遷されて、これからのことで悩み、三宅さんと話してみたいと思いました」「今パワハラを受けていて、三宅さんなら今後の方向性を相談できると感じました」。これらは、相談にいらっしゃった方から多数いただいた話です。

人は共通点があると親近感を覚えます。親近感が湧くと安心感へとつながります。共通点探しは、会ってみたいと感じる心の後押しになるわけです。

共通点として挙げるワードで意識したいのは、本当は他人に言いたくないようなマイナスの話。**ネガティブな話の方が相手の共感を呼びやすい**ものです。

例えば、あるスーパーでは、ＰＯＰにその商品の状態を隠すことなく記載しています。「長雨の影響で、レタスの品質が普段に比べ悪く、値段も高騰しています。しばらくの間、他の商品で代替されることをお勧めします」「本日販売しておりますスイカは、日照不足のため糖度が不足しています。お差し支えなければ、他の商品のご利用をお勧めします」

こんなPOPがお客様の共感を呼び、年々業績がアップしています。このように、あえてマイナス面を出すことで、「正直な商売をしている」と、相手に安心感と信頼感を与えることにつながるわけです。

僕は子どものころから「人見知り」で、「内向的な子ね」、「何を考えているかわからない」といわれ続けてきました。大人になっても「非社交的なタイプ」といわれ、そういわれることにコンプレックスを感じていました。克服を試みましたが、無理することと自体がしんどかったのです。ある日、「それでいいじゃん」と思うことにしました。

そんなネガティブな情報もオープンにして「こんな私ですがよろしくお願いします」というと、「やり手に見えたけれど、自分と同じような一面もあることを知って安心しました」と思ってもらえます。輝かしい実績だけを並べ立てるだけでは、「すごい人」止まりです。人となりはわからず、共感も得られません。

プロフィールは、現在、過去、未来の順で書いていこう

プロフィールを書く順番は、現在→過去→未来です。今こんなシゴトをしている（現在）、その理由はこれまでにこんな経験をしてきたから（過去）、これからはこんな世界を目指していきたい（未来）という流れです。

「今なぜここにいるのか」「なぜこの仕事をしているのか」。その質問への答えは過去の経験の中にこそあります。

経験の中でもフォーカスしたいのは苦労した話。人の心を動かすのは成功体験より、苦境と、その苦境をどのように乗り越えていったかというドラマです。表面的な経歴ではなく、血が通った人間くさい部分をクローズアップすることで厚みを増し、共感も得られるのです。

つくるにあたっては、最初から完璧なプロフィールを目指さないこと。事業を始めてから何度も何度も加筆修正して完成形になっていきます。「焼き鳥のたれ」みたいに、付け足し、付け足しでこくを出していくのがこつです。

4

個人でシゴトをするときの名刺のつくり方

名刺の目的は「次につなげる」ことです。もう一度会いたいと連絡をもらったり、ブログやホームページを見てもらったりするための手段です。つまり、後で名刺を見て「誰だっけ？」という名刺は効果がありません。

あれこれ書き過ぎても誰も読んではくれません

名刺をつくるとき、よくやってしまうのがたくさんの情報を盛り込んでしまうことです。

裏面や二つ折りにして細かい文字でびっしりプロフィールや事業内容を書いている名刺を見かけます。まるでパンフレットのミニチュア版のような感じです。少しでも自分のことを知ってもらいたい気持ちはわかりますが、忘れてはいけないのが、名刺をもらった人がどこを見ているかということです。

実際にそんな名刺を自分が受け取ったらどう感じるでしょう？　懇切丁寧に書かれた内容を一字一句読んだりしますか？　読んでもらわなければ、どんな立派なプロフィールを書いたところで、単なる自己満足でしかありません。

名刺は、第一印象でポイントのみ伝えるものです。細かなプロフィールは自分の口で言葉を添えたり、二度目のアポをもらったときに、プロフィールを記載したパンフレットを渡したりすればいいのです。

名刺の一番の目的は「思い出してもらえる」こと。名刺交換に費やす時間は1分程度、長くて3分以内です。この短い時間の中で自分のことをすべて知ってもらうなんてできるはずがありません。必要なのはどれだけ相手の印象に残るかです。そのためには、たった一つのポイントでいいので連絡しようという気になる、印象に残るやりとりをすることです。

名刺に載せる最低限かつ必要な要素は、**キャッチフレーズ＋肩書＋仕事がイメージできる写真の三点セットと、連絡先、**表面に書くのはこれのみです。それ以外は書きません。あえて行間を残し相手に質問してもらってください。

シゴトの内容がイメージできる写真やイラストを載せる

受け取った相手が名刺を見るのは、名刺交換をしたときと後日、名刺を見返すときの2回です。

数か月経って名刺を見返したとき、「これ誰だっけ？」となかなか思い出せず、結局そのまま名刺ファイルの奥にしまった経験はありませんか？

そんな名刺は以降、日の目を見ることはありません。写真やイラストなど、名刺に顔があることで「ああ、あのときの人か」「こんな話をしてたな」など、顔を思い出すだけでなく、名刺交換した場面も鮮明に浮かび上がってきます。

写真はどんなシゴトをしているかがわかるように工夫しましょう。人と話すのがシゴトなら会話をしているシーン。物づくりなら作業シーン、サービス業なら制服を着てお店をバックに、物販なら商品を手に持ってもいいでしょう。正面を向いた堅苦しい雰囲気の写真よりもずっと相手の印象に残ります。

写真の代わりにイラストを使うときは似顔絵にします。インターネットで似顔絵制作を受注するサイトはたくさんありますので、自分のイメージに合うタッチのイラストを選びましょう。印象的な似顔絵はあなたのキャラづくりにもなります。

また**名刺に使った写真やイラストは、同じものをホームページやブログ、ＳＮＳでも使う**ことで統一感が出ます。相手に知ってもらうには接触頻度を増やすことです。さまざまなメディアであなたの写真を目にすることで自然と相手の脳裏に残ります。

自分の名前にプラスする屋号のつけ方

自分の名前にプラスするものとして屋号（社名）があります。考えるだけでたのしい作業ですが、注意点があります。それは、自分の思い入れやかっこよさだけを考えてつけないことです。優先したいのは、**屋号を見た人が、あなたがどんなことを生業とし、どんな悩みを解消してくれる人なのかをイメージできる**ものにすることです。

屋号のつけ方の手順は以下の通り。

まずあなたのシゴトのキーワードを書き出します。例えば、朝活ビジネスを始める場合、「朝活」「セミナー」「ワーク」「コミュニケーション」など思いつくまま書き出します。次に「朝活＋ワーク」「朝活＋コミュニケーション」などキーワードを組み合わせ、これを目を惹くキャッチコピーに仕上げていきます。

朝を「ＡＳＡ」「ＡＳＡワーク」、コミュニケーションを「コム」にして「ＡＳＡコム」といった感じです。

複業中はお金をかける名刺にお金をかける必要はありません

最初はお金をかけずに名刺をつくることです。ネットで探すと安価でつくってくれる業者はたくさんあります。しかし、名刺は一度つくって終わりではありません。始めたばかりのころは、「何だかしっくりこなかった」「名刺交換しても、相手に伝わらなかった」という感じになります。一度つくって話してみて修正したり、相手からもらうフィードバックを取り入れて改善を重ねていきます。

すぐに修正したいのに、業者に１００枚などロットで頼んでしまったら、後は捨てることになりもったいないですよね。「変える」ことを前提に、最初はお金をかけずにパソコンなどで名刺を手づくりしてください。

名刺は本の表紙みたいなもの 書店で参考にしよう

最後に名刺につながる興味深い話を紹介します。出版社のセミナーで、講師は表紙タイトルとカバーデザインの重要性を強調していました。

「一日２００冊もの本が出版されている。読者はタイトルを見て1秒で手に取るかどうかを判断する。いくら中身がよくても、まず手に取ってもらわなければ意味がない。だからタイトルとカバーには8割の力を注いでいる」

この話をそのまま名刺に置き換えてみます。「いくらいい仕事をしていても、まず覚えてもらわなければ意味がない。だから名刺に8割の力を注いでいる」と。

店頭で山のように並んだ本の中からどうやって自分がほしい一冊の本を選ぶのか？

書店に行って平積みの本のタイトルを見る習慣をつけるだけでも名刺づくりに役立ちます。

5

自己紹介はアピールし過ぎず自然体が一番

「自己紹介ってなんとなく苦手」という人も少なくないでしょう。実は僕自身もそうだったりします。人前で自分のことやシゴトのことをアピールしたり、上手に話さなければいけないというプレッシャーがあるからでしょう。とはいえ、多くの場面でちょっとした自己紹介は必要になります。初対面の人と会ったとき、電話をするとき、メールを書くときなど日常的に自己紹介する場面はあるものです。

「自己紹介は無理なく自然体で、等身大の自分を知ってもらう」ことです。ただ、一つ注意することもあります。それは、相手から質問されたとき何を聞きたいのかをきちんと理解して、明確に答えることです。

相手「どんなビジネスをされているのですか？」

あなた「えーっと、これまでこんなことがあって、それをこう解決して、それからこんな出来事もあったのがきっかけで、こんな商品を売ろうと思いました」

相手は内心「要は何なの？　早く結論言ってよ。時間がもったいない」と思います。こんなにまどろこしい答え方をしていたら見向きもされず、「（まだまだビジネスが固まっていないんだな……）。わかりました。がんばってくださいね」とその場から立ち去っていきます。相手に知ってもらうには、どうしたら理解してもらえるのかを最優先に考えます。まどろこしい説明で相手の時間を奪ってしまうのは本末転倒です。

話が長くなるのを解決するために今すぐできるトレーニング法があります。**相手との会話で枕言葉に「ひと言で言うと……」を意識的に入れてみる**という方法です。

「えーっと」「まあ」「そうですね」と言いそうになったらぐっと我慢。

「ひと言でいうと、30代で上司との関係に悩んでいる会社員が会話のこつをつかめるサポートをしています」と話してみてください。この手法は、自分の中で話をまとめようとする意識が高まり、ダラダラ説明するのを防ぐことができます。トレーニングを続けていくとシンプルに伝える習慣ができていきます。

ちなみに「どんなシゴト？」と「お客様はどんな人？」はビジネスの本質を突くものです。この答えがスパッと出るようになったらあなたのシゴトは本物です。ビジネスとは、絶えずこの答えを探しているようなものです。

第４章の
まとめ

◎キャッチフレーズは「誰が」「どうなる」を13文字以内で書く

◎人は「悩みの解決」か「欲望を満たす」ことに対価を支払う

◎「なんでも屋」は結局のところ「何もできない屋」になる

◎肩書は名乗れば自分自身が肩書にふさわしい人間に近づいていく

◎プロフィールは「立派な人だ」と思わせるのではなく、共感と信頼がポイント

◎よいことだけなく失敗やつらかった体験もプロフィールに盛り込む

◎名刺に載せるのは「キャッチフレーズ＋肩書＋仕事がイメージできる写真」

◎名刺は一度つくって終わりではなく改善を重ねていく

◎自己紹介は「無理なく自然体で、等身大の自分を知ってもらう」こと

◎枕言葉に「ひと言でいうと……」と入れると完結に話ができる

第5章

お金をかけなくてもできる！お客様を集めるためのこんな工夫

1

どんなにいい商品やサービスも「知ってもらってなんぼ」

ビジネスの一番の肝になるものはお客様を集めること、つまり集客です。集客するにはお金をかけて広告を出す方法もあります。確かにお金をかければそれなりに集客できますが、やめた瞬間にぱたっと止まってしまい膨大な費用が無駄になりかねないというリスクもあります。

ひとりビジネスにそんなお金はかけられませんので、できるだけ費用をかけずに集客する方法について解説していきます。

インターネットで地道に情報を発信していきましょう

では、どうやってお客様を集めていけばよいのでしょう？

見つけてもらうために、まずやるべきことは、ネットで情報発信することです。

スポーツクラブで挫折した人を、体と心の両面からサポートする「セカンドフィットネス」の武内教官さん。当初は駅の看板に数十万円かけて広告を出し、駅前でティッシュ配りもしました。しかし、数か月続けた結果、看板やティッシュ配りからお客様になってくれた人はゼロでした。

一方でお客様に役立つダイエット記事などをコラムにしてネットでこつこつ書き続けていきました。最初のうちは目に見えた成果はありませんでした。それでも、地道に続けていくうちにだんだんアクセスが増え、問い合わせが入ってくるようになりました。

「暑い日も雨の日も何時間も立ちっぱなしでティッシュを配り続けましたが、受け取ってくれる人はまばら、正直つらかったですね。コラムを発信し続けたおかげでお客様が確実に増えていきました。今となっては両方の比較ができてよかったと思います」

今ではジム経営のかたわら、コラム記事を活用して著書を複数出版するなどマルチな活躍をしています。

「毎日ネットに情報発信するなんて面倒くさい」「そんなこまごました作業なんてや

りたくない」

たまにこんな声を聞きますが、そんな意識で集客はできません。逆に、ネットさえ使えば簡単にお客様を集められるわけでもありません。人と会って自分がやっていることを知ってもらう活動も必須です。

らくをして集客する方法なんてありません。お金をかけない代わりに手間をかける、正しい手順であきらめずにやり続けること。これが、ひとりビジネスを軌道に乗せる唯一の方法です。

まずはネットで！ネット集客の土台をつくろう

ネットで集客といっても、これまでホームページもつくったことはないし、かといって制作会社に発注するお金もないという人がほとんどです。

まずはブログを書くことから始めていきましょう。無料のブログサービスを使い、記事を書くことに慣れていきます。

自分が思っていること、伝えたいことを言葉にできるようになるスキルを磨いてください。ブログはその練習にうってつけのツールです。

少し慣れてきたらセルフメディアに移行していきます。セルフメディアとは第三者が提供しているサービスではなく、自分自身で情報発信できるメディアです。第三者のものを利用していると、もしサービス中止になったら、途端に情報発信はストップしてしまいます。セルフメディアを持つには、レンタルサーバー、独自ドメインを取得し、ソフトをインストールするなどの手続きが必要になります。

これらをベースに自分のホームページへ拡張していく段取りをしていきます。費用の目安は、ドメインとサーバーレンタル費で年間1万円強というイメージです。シゴトづくりのインフラ整備として準備してください。

ブログを書けばすぐにお客様が集まってくるわけではありません。お客様にブログの存在を知ってもらうには、検索結果で上位に表示される必要がありますが、簡単にできるものではありません。

まずは**リアルな知り合いに「ブログを書き始めたから読んでね」と声をかけていきます。**ネットといっても、まずはリアルな声がけによって少しずつ知ってもらうなど、泥くさく取り組むことから始めていきます。

各SNSの特徴を知って上手に活用しよう

もう一つあるのが、ツイッターやフェイスブック、インスタグラムといったSNSです。SNSはそれぞれのサービスによって見る人の年代、情報の広がり方などに特性やトレンドがあります。

例えばツイッターは不特定多数の人に拡散しやすいのに対し、フェイスブックは多くは友達に登録した人に限定されます。一方で、ツイッターは相手との関係性が薄いのに対し、フェイスブックはそれより少し濃いつながりになります。

写真で商品・サービスを訴求したいときはインスタグラム、動画を使って伝えるにはユーチューブが最適など、メディアの特性に合わせた活用をしていきます。

ただし、忘れてはいけないのは、どのSNSを使ったとしても、その先にあるセルフメディア（ブログ・ホームページ）への入り口にすぎず、誘導が必要ということです。最終的には、セルフメディアへ訪問してもらい、詳細に情報を見てもらえるかが勝負になります。

色彩心理の専門家「色とココロのコンシェルジュ」佑貴つばささんは、テレビ、ラジオ、新聞、ウェブなど多数のメディアに出演してシゴトを拡大しています。

彼女がこうしたいろいろなメディアに取り上げられるようになったのは、ホームページに掲載しているコラムの専門性です。メディア関係者は「色彩心理の専門家」と検索して探し当てています。

もちろん、一朝一夕でできたものではなく、1年以上にわたり、専門性のあるコンテンツを地道に積み上げた結果が実を結んでいるわけです。

このように、**メディアを育てていくにはこつこつと継続して実践**する必要があります。育てている間は目に見える成果は出にくいものです。

でも途中であきらめたらそれまでです。あきらめずにやり続けた人にだけ結果が出ます。

継続していると周囲に一目置かれ、それがやがて信頼になっていきます。自分としても継続できたことが自信になります。継続は力なりとはまさにこのことです。

2

ホームページをつくったら訪れてもらうための仕掛けが必要

ホームページは無料でできるものが多数ありますが、基本的には有料で立ち上げていきましょう。無料サイトは使用制限も多く、万が一サービスが終了してしまえば、お店の顔であるあなたのホームページもなくなってしまうことになるからです。

さて問題は、ホームページを自分でつくるか、それともプロの制作会社に発注するかです。理想はプロにお任せすること。きちんとしたホームページを持つことは、お客様の信頼を得ることにつながります。

とはいえ、それなりの費用がかかるので、**複業期間であれば、まずは自分でトライしてみるのがお勧め**です。自分でつくってみることで、本格的に制作委託をするときに役立つ知識が身につきます。

制作方法は専門書で読んでいただいた方がいいので、ここではビジネス的な視点で、ホームページ作成におけるポイントと注意点をご紹介していきます。

ホームページをつくるときに一番大切なことは、「お客様の購買行動で考える」ことです。

「自分がお客様だったらどんな行動をするのか」とイメージし、それに合わせたものをつくること。これが成功するホームページづくりの鉄則です。

ネットでの購買行動は、①見つける→②選ぶ→③買う、の三ステップを踏みます。

見つけてもらう、選んでもらう、買ってもらうの三つの段階で何をすべきかを考えていくことを念頭に置いてください。以下３ステップで解説します。

これだけは知っておきたい「検索エンジン対策」のキホン

あなたの商品やサービスを見つけてもらうためには、グーグルなどで検索されたときに目につきやすい位置（つまり上位）に表示される必要があります。これをSEO、検索エンジン対策といいます。

どのようなサイトが評価され、検索サイトの上位に表示されるのでしょうか。第一は、その情報を求めるユーザーに対して、役立つ情報が質量ともにしっかり書かれていることです。

お客様になる人がどんなキーワードで検索してくるかを想像し、実際に検索されたキーワードをピックアップしていきます。グーグル社が提供している「キーワードプランナー」というツールで調べます。

次に選んだキーワードで実際に検索してみると、あなたの競合となるサイトがいくつも表示されます。上位に表示されているサイトにどのような情報が書かれているのかをリサーチしていきます。

あなたのサイトが上位に表示されるには、こうした他サイトよりも情報の量・質ともにユーザーに役立つものである必要があります。

上位にある記事を参考にしながら自分の記事をつくっていきます。自分が体験したオリジナルの情報をプラスします。重要なのは情報を発信し続けるということです。懲りずにやり続けていれば、蓄積された土台ができていきます。

検索の上位に表示されるのは一朝一夕にはいきません。他サイトのリサーチと、日々の情報発信の積み重ねこそが一番の方法といえるのです。

タイトルと説明文で目を惹かなければ誰も訪れてくれません

検索エンジンで上位表示されても、クリックしてもらわなければサイトにたどり着きません。「選んでもらう」ステップです。ここでも自分が検索するときのことを思い起こしてください。複数並んでいるサイトの中から、あなたがクリックする基準は何ですか？　タイトルとその下に書いてある説明文を読んで決めているのではないでしょうか。

つまり、検索したキーワードと一致し、知りたい情報とマッチしたタイトルと説明文が書かれていれば、クリックしてもらえる可能性はぐっと高まります。

こうしてホームページに訪問してもらったら、「買ってみたい」「サービスを利用してみたい」、そんな気持ちになってもらうことです。以下の三つの要素がポイントです。

一つ目がトップページに、ひと目でわかるタイトル、キャッチコピーを入れること。キャッチコピーは「〇〇に悩んでいたら◇◇」など、お客様がその商品やサービスを購入するとどうなるかを明記します。

二つ目は、お客様のメリットです。「弊社は他社にないサービスを行っています」ではなく、「あなたはこの商品サービスで○○ができるようになります」と書きましょう。

三つ目が選ばれる理由です。なぜ他ではなくあなたに頼むのか、なぜこの仕事をしているのか。お客様の心を動かすプロフィールです。この三つをしっかりトップページに盛り込んでいきましょう。

買ってもらうためにお試し商品をわかりやすい場所に設置する

ホームページのゴールは、提供する商品・サービスによって異なります。物販なら商品を買ってもらうことですし、サービス提供であれば問い合わせをしてもらう、メルマガや会員に登録してもらう、お試しサービスを申し込んでもらうことです。

にもかかわらず、「どこから申し込めばいいのかわからない」というサイトも案外多いものです。どのボタンを押せばたどり着けるのか、お客様が目で追うとき、わかりやすい場所に目立つよう設置します。

また、ネット活用で意識したいのはスマホです。電車に乗ったとき、カフェに入ったとき、時間が空いたとき、老若男女問わず、多くの人がスマホを見ています。最も身近にあるのがスマホである今、ホームページがスマホでどう見えるかは重要です。パソコンだけでなく、スマホ表示に対応しているか、文字が読みやすく見やすいようレイアウトされているかなど、チェックすることを忘れないでください。

取り組んだ成果がどうなっているかを客観視する

「ブログをずっと書いているけれど反応がないんです。だからもうやめようと思っています」

こんな話を耳にすることがあります。そこで「アクセス数はどのくらいありますか？」と尋ねると「わからない」と答えます。販売や登録といったアクションにつながっていないから、何となく「結果が出ていない」と思っているだけなのです。

ネットにはアクセス解析というサービスがあります。成果は、何となくでなくきちんと数字で検証する習慣をつけていってください。

3

お客様に情報を伝えるために知っておきたいポイント

情報を発信していくには、ねたの仕入が必要になります。そのためには、「情報のアンテナを立てる」習慣をつけていきます。

アンテナが立っていると、いつもなら見過ごしてしまうような本の一節、町中のPOPや看板、吊り広告など、必要な情報が次々とキャッチできるようになります。友人との会話やテレビやラジオから流れる情報にもぴんとくるようになります。ただ漫然と情報のシャワーを浴びているだけでは吸収できません。

例えば本を読むときも**「この一冊の中から自分の言葉になることを三つだけ得よう」**と意識してエッセンスを抜き出します。すべて生かそうと考えると大変ですが、「三つだけ」と決めればやってみようという気持ちにもなるものです。

また、新しい発想やアイデアは、歩いているとき、電車に乗っているとき、入浴中など、ふとした瞬間に突然降りてくるものです。そのままにしておくとすぐに忘れてしまうので、必ずその場でメモする習慣をつけましょう。

時流を知る情報源としてお勧めするのは書店。定期的に書店に行って、平積みされている書籍や雑誌のタイトル、帯のコピーをチェックしてください。出版社は今のトレンドをつかんで特集の内容やタイトルを決めているものです。

店頭の本をながめるだけで、今どんなジャンルにみんなが興味・関心を持っているのか？ どんな言葉を入れたらインパクトがあり、お客様が手に取ってくれるのかなどがわかります。あなたがシゴトとする専門分野のアンテナを立てていると、必要な情報が自然と目に飛び込んでくるようになります。

その道の専門家になるには最新の情報を常にチェック

ねた集めには、自分の専門分野の本や新聞・雑誌を読むことです。専門家になるためには常に新しい情報を収集していく必要があります。紙面で得た情報を引用しながら自分の考えを盛り込んでいきます。本や新聞・雑誌を読むと、文章の書き方で参考にできるものが見つかったり、競合のリサーチもでき一石二鳥です。

ヤフーニュースをチェックするのも手です。ヤフーニュースは世の中のトレンドを端的にかつスピーディーにとらえるメディアです。ここに挙がった情報と自分の専門分野をつなぎ合わせてねたづくりをする方法もあります。

毎日起こることもねたにできます。「今って最悪だよなー」と感じるときがあったら、それはどんな状況で何が起こっているから最悪なのかを具体的に書いておきます。毎日起こる出来事や感情を記録するわけです。その状況からどうしていったかを書くとリアリティのあるコンテンツをつくることができます。

ブログやメルマガで記事を書くときのポイント

ブログやメルマガで記事を書くときは、自分の言葉で書く必要があります。どこかに載っていた内容の引用ばかりの文章では、誰も読みたいとは思わず、説得力もありません。引用するとしても、その内容に対し、自分はどう考えるのかを発信していくことを意識してください。

お客様から評価されるのはオリジナルです。とはいえ「調べたいことはほとんどネットに掲載され、これだけ情報があふれている時代にオリジナルな情報を発信しろと言われても、いったい何を書いたらいいのやら……」と感じることでしょう。

そんなときは**自分自身の体験談を加えます。**自分が体験して学んだことは、他にはないオリジナルです。「ショッピングセンターに行って心あたたまる接客を受けた。接客の基本はここにある」「カロリーの高い食事をした。こんなとき、ダイエットで気にすべきこと」など、日々の生活の中であった出来事レベルでOKです。

体験談やそこから生まれる事例をたくさん集めることはコンテンツの幅を広げることにつながります。日々アンテナを立ててねた集めをしていきましょう。

続けるには、型を決めて、書けるところから書く

「一つの記事を書くのに3時間以上かかってしまった」

ブログを書き始めた最初のころによく聞く話です。これを毎日繰り返していたら大変です。そうならないためのこつが「型をつくる」ことです。

「記事タイトル↓イメージ写真↓つかみになる言葉↓結論↓体験談事例↓まとめ」

これが僕のブログの基本型です。文章を書く際に難しいのは、内容や表現もさることながら構成をどうするかにあります。構成の型があれば、毎回その型に当てはめて書くことで時間を短縮できるようになります。

慣れないうちは手順や構成を気にせずに思いついたところから書いていくのも手です。型通りにきちんと書こうと思うと手が止まってしまうので、書けるところから書き、後で順番を入れ替えて文章を整えていきます。

苦しんでも長続きしない「たのしみ」ながら書こう

「今日もブログを書かないといけない」「SEOを考えて書かないといけない」。そんな義務感や検索されるためにブログを書こうとしても長続きしません。

ブログを書くのは、自分のためではなく、お客様のためです。「こんなことにこまっていませんか？」「こんなことを知りたくないですか？」と、**パソコンの向こう側にいる「たった一人」のお客様をイメージして書く**わけです。「相手の役に立ててうれしい！」と、たのしみながら書くことがモチベーションを保つこつです。

4

ネットも「つながり」が大切！ 人の輪を広げていこう

メールマガジン（メルマガ）は、以前から使われてきたメディアで、決して目新しいものではありません。それでも今なお多くの成功者が基幹ツールとして使っています。

それはメルマガの発信者に対して興味を持ち、発言内容に共感、あるいは学びたいと思っている人に、**直接情報を届けることができるプッシュ型のツール**だからです。

ブログやSNSは一度アクセスしてもらっても、二度、三度とアクセスしてもらえるとは限りません。対してメルマガは、継続的に情報を送り届けることができるツールです。

相手との関係性を深めるには、何度も接点を持つことが大事です。その接点をつくってくれるのがメルマガです。

メルマガを読んでもらうには、まず登録してもらう必要があります。名刺交換したときや交流会、イベントに参加したときなどリアルな場面でメルマガの紹介をします。
さらにホームページ上で「メルマガに登録するとプレゼントを贈呈」などの仕掛けをつくって誘導します。

メルマガに書く内容は相手に役立つ情報です。毎日の出来事の中から、自分の専門分野での気づきや学びを書いていきます。身近でささいなことを拾い書きしていく方が読者の心をとらえることができます。

メルマガを出したからといってすぐに売り上げに結びつくものではありません。メルマガの役割は、**接点があった人に「自分のことを忘れないでね！」と伝えること**。たまにさらっとイベント告知や、商品・サービスの宣伝を入れる程度に留めます。宣伝色が強いメルマガを毎回送られてきたら、相手もうんざりしてしまいますよね。

また、「名刺交換した翌日から勝手に売り込みメルマガを送ってくるようになった」というのは、悪印象を与えるだけ。必ず相手の承認を得ましょう。

僕の経験だと、セミナーに一度参加した人が、その後何となくメルマガを読み続け、3年ぶりに会いに来てくれて、お客様になってくれた例があります。メルマガは細く長くつながることができる手紙のような存在です。ご縁のあった人に継続して送るようにしましょう。

直接会った相手にはフェイスブックでフォローしよう

リアルで会った後のつながりを持続するためにフェイスブックを活用する方法もあります。友達申請をしてつながると、「週末は家族でキャンプに行きました」「子どもの運動会でした」など、その人の日常が自分のタイムラインに流れてくるようになります。気になる人なら投稿を見て「いいね！」ボタンを押せば、相手にもわかります。「運動会の場所取りお疲れさまでした」などコメントを入れると、「そうなんです、朝7時から並びました」など、相手から返信が届きます。

こんなやりとりを何度か続けていると、**ネット上の関係性がどんどん強くなり**、その人と再会する機会があれば、「このあいだキャンプに行かれてましたよね？ アウトドアがお好きなんですね」という話題から入ることができます。

「見てくれてるんだ……」と相手は自分のことを気にかけてくれていることをうれしく感じます。お互い近況を知っているので久しぶりに会った感じもせず、お互いの人柄もわかり親密感が増します。フェイスブックにはこうした利点があります。

一方、フェイスブックで人脈を増やそうと、見知らぬ相手にやたらと友達申請をして、セミナーなどの案内を送りつける人もいますが、これはいただけません。

何のためにそのツールを使うのか？　それをすることで相手はどう感じるのか？　そもそも自分がされたらどう思うのか？　ネットであっても向こう側にいるのは生身の人間です。忘れることなく活用したいものです。

みんなが使うＬＩＮＥも活用しましょう

今、多くの人が日常的に使っているコミュニケーションツールといえばＬＩＮＥです。ＬＩＮＥは友達登録した相手とメッセージのやり取りができる仕組みです。グループ機能を使えば、一度に複数の人とメッセージのやり取りができます。

フェイスブックに比べてお手軽で、メルマガのように一方通行ではなく双方向でやり取りができます。「メールよりもＬＩＮＥを頻繁に利用している」という人とはＬＩＮＥを取り入れていきましょう。

以上のように**自分のお客様の特性に合わせた情報発信ツールを用意**しておく必要があります。

インターネットラジオ番組をつくる

相手との関係性を強くするメディアとしてインターネットラジオがあります。ラジオというと大がかりなイメージがあるかもしれませんが、ポッドキャストなどを利用すれば誰でも手軽にスタートすることができます。得手不得手はありますが、文章を書くよりも話をするほうが得意という人にはお勧めです。

複業で顔出しが難しい人でも、ラジオなら声だけなので気にすることなく情報発信できます。最初はぎこちなく、話もまとまらないものですが、週1回など定期的に放送しているうちに、ねたづくりのこつや話の要点がつかめるようになります。「ラジオ番組を持っています」と言えたら、何だか特別な存在のようでかっこいいですよね。

僕も自分のラジオ番組を始めて4年以上になります。毎週火曜・朝6時ですが、今では習慣になって、すっかり体に染みついています。早朝にもかかわらずリスナーさんが出勤前の準備をしながら聞いてくれています。

毎回聞いてくれるわけですから、**リスナーとは太い関係性が構築**されます。継続しやすく自信につながるのもいいところです。

ラジオは耳からのみの情報なので余分なものが削ぎ落とされ、話す内容に集中でき、〝ながら〟で聞けるのもメリットです。古くて新しいメディア、ラジオにトライしてみてはいかがでしょう。

もう一つ、ぜひ試してほしいのがユーチューブです。ここ数年ユーチューブの利用度は加速し、文字から動画へと発信手段が広がりをみせています。動画なら文字だけでは伝えらない情報量も、視覚と聴覚で一度に伝えることができます。今後は5Gによる通信速度の高速化が進み、ますます動画の利用頻度が増えていきます。ユーチューブの番組づくりにもトライしてみましょう。

5 ベースになるのは今つながりのあるリアルな人たち

ここまでネットを使った集客の話をしてきましたが、並行して重要になるのがリアルな活動です。人と会い、自分が何者で、どんな人の役に立つことができるのか？ どれだけ多くの人に知ってもらえるかが勝負です。あらゆる場を使って自分のことを知ってもらう活動をしていきましょう。

人のつながり棚卸しシートをつくる

最初にやってほしいのが、今の自分がどんな人とのつながりがあるのかを洗い出す「人のつながり棚卸しシート」をつくることです。新しいつながりをつくる前に、自分の周囲にどんな人がいるのかを把握することが肝心です。

中でも、見返りを要求することなくあなたのことを応援してくれる人は貴重な存在です。そんな人が周囲にいたら名前を書き出していきます。相手の顔を思い浮かべながら、出会ったときのエピソードを一緒に書き出し、具体的に整理します。

現業のつながりは
将来のお客様につながります

まず今勤めている会社の上司や同僚、部下、取引先などのつながりから考えていきます。よくある事例として、最初に仕事を依頼してくれたのが会社員時代につながりのあった人たちというものです。

「世間って案外狭いよねー」とは、よく聞く言葉ではないでしょうか。半径100メートルのつながりという言葉もあります。自分の周囲にいる人との関係を大切にしておくことです。**仕事は人が連れてくるもの**です。この言葉を実感するときが必ず来ますので、心に留めておきましょう。

「最初に講演に呼んでくれたのは、以前勤めていた会社でした。まさか呼んでくれるとは思いもしなかった。大変感謝しています」（コミュニティOBの話）

「会社員時代の上司が今は子会社の社長になり、フェイスブックでも『いいね！』を

押してくれるつながりです。今度新規案件を持参しようと思っています」（知り合いの起業家の話）

こんなふうに、最初に仕事をくれるのは現業のつながりという例がたくさんあります。

取引先や会社で付き合いのある人の顔を思い浮かべてみてください。その中で「会社の看板がなくても」個人的にやりとりできる人はいますか？ もしかしたらなかなか思いつかないかもしれません。多くの場合は、会社の看板ありきで仕事をしている人たちだからです。

僕も20年以上、大手企業でサラリーマンをしていました。リーダー的立場にいたときは周囲から「三宅さん、三宅さん」と向こうから人が寄ってきたものです。そのころは自分に実力があるからだと思っていましたが、会社の看板と肩書があってのことだとわかったのは後になってのことでした。実際に、左遷されたのを機に誰一人寄ってこなくなってしまいました。

一方で、何十年かぶりに「一緒に飲もうよ」と声をかけたら、集まってくれる仲間もいます。そんな仲間たちは、「一緒に仕事をしたあのころに仕事の神髄を学ぶことができました」なんてうれしいことをいってくれます。

あなたという人間と仕事がしたいと思ってくれる人こそ大切にしてください。彼らとは会社の看板を外してもつながっています。今、接点のある人と一個人として付き合ってみることを心がければ、将来のつながりをつくることができます。僕は逆で会社に辞表を叩きつけた方ですので(笑)、独立後も現業の人と接点を持つことはありませんでした。もう少しうまくやっておけばよかったと後悔しているところもあります。

「立つ鳥跡をにごさず」。自身の反省も含めて、今付き合いのある人、会社の上司とはいい関係をつくっておくことをお勧めします。仕事はどこでつながるかわかりません。

ファンづくりは最強の集客手段

お客様との関係づくりのゴールはファンです。ファンとは、自分のことをいつも心に留めておいてくれ、自分のために個人として力を貸してくれる人のことです。ただし自分のことだけを考えていてはNGです。自分が相手のために同じことをして初めてできる関係性であることを忘れないでください。

余談ですが、とあるメディア関係者の人はその人がどれだけのファンを持っているかでオファーを出すか否かを決めると言っていました。この場合のファンはＳＮＳのフォロワー数やユーチューブのチャンネル登録者数が指標になっているようです。逆にいうとそれがないとチャンスは巡ってこないということ。そのくらいファンの重要度は高いと考えてください。

ファンには**「Ｆａｎ（ファン、愛好者）」と「Ｆｕｎ（たのしむ）」という二つ**があり、その両方を大切にする必要があります。つまり、「ファンと一緒にたのしむ」ということです。ちなみに焚《た》き火コミュニケーション事業はこの想いを込めて「焚き火ファン＝Ｆａｎ×Ｆｕｎ」とネーミングしました。

お客様づくりは行き着くところ、自分のファンを何人集めるかということです。ファンであればいい関係をつくることができ、たのしく気持ちよくシゴトができます。自分でシゴトをしていく上でこれに勝るものはありません。「商いの原点はお客様を愛すること」。真意をつかんだ言葉です。

コラム

人脈ではない本物の人とのつながり

～信頼し合える仲間をつくる

人脈がないと自分のビジネスが広がらないと思っている人も多いものです。異業種交流会、ビジネス交流会といったものが多数あるのはそのためで、ひとりビジネスを始めて数年は人脈づくりをしたくて、さまざまな会に参加するようになります。

僕は利益だけで人を見てしまう人脈という言葉が苦手です。希薄な関係性にしかならず、会うたびに「自分にとってメリットがあるのか」「利益につながるのか」といった見方をしたくないからです。

つながりを強くするにはどうしたらいいのでしょう。まずは会う頻度を増やすことです。心理学にザイアンス単純接触効果と呼ばれるものがあります。人は繰り返し接することで好意や印象が高まるといわれる考え方です。

たまに会う人よりも、よく会う人の方がお互いの人となりがわかり、仲よくなっていくという感覚はわかりますよね。

人脈づくりは、スタート前のお互いフラットな状態から始めていくことをお勧めします。スタート後はどうしても利益ありきの関係づくりが優先され本当の信頼関係は生まれにくくなります。

利益だけでなく、お互いの人間性や人となりも知り合うこと、心からお互いを応援し合おうと思える仲間をつくっていくこと。そのためには、お互いの利害関係がないフラットな状態が必要です。だからスタート前からの関係づくりということなのです。

夢を持って自分のシゴトを始めようと考えている仲間はみんな同じ目標を持ち、同じ釜の飯を食べた間柄。だからこそ相手の悩みを自分事として受け止め、相手の成功を自分事としてよろこんであげられるものです。一過性でなく長く付き合ってつちかうからこそできる信頼、これに勝るものはありません。

ビジネスは行き着くところ人と人です。「信頼するあの人が言うことなら大丈夫」とお互いの「人柄」「人間性」を知り合うことが重要です。

「あの人のためなら一肌脱ごう」と見返りを要求せず個人として力を貸してくれること、ビジネス上の利益はもちろん、最終的に決めるものはその人の人間性なのです。

「何ができるのか」だけでなく「人間性」まで知り合った仲間をどれだけつくれるかがシゴトづくりの成否を握ります。

キーマンやＨＵＢを見つける

ＨＵＢ（ハブ）とは人と人のつながりの中心となる人や場所をいいます。例えば「ハブ空港」は広域航空路線網の中心として機能し、情報や人が集まっています。同じように、人とのつながりを持つＨＵＢを見つけていくとビジネスも広がります。

「そういう話なら○○さんという人がいますよ」とか、「あの人に聞いてみたらわかるかもしれません」と紹介してくれます。一人一人にアプローチするには大変な労力や時間、コストがかかります。ＨＵＢを持つことで、多くの人にあなたのシゴトを広げることができます。では、どうすればＨＵＢを見つけることができるのでしょう。意識をもってほしいのは、まずあなた自身がＨＵＢになることです。人とのつながりはまずあなた自身が「与える」ことから始まります。

自分がほしいものだけを求めても信頼は得られません。「こんな人を知りませんか？」と聞かれたら、「それなら○○さんをおつなぎしますよ！」と自分が信頼できる人を紹介します。「あの人に聞けば問題を解決できそうな人を紹介してくれる」。そんな信頼感が得られれば、自然と人が集まるようになります。

「繁盛店・老舗クリエイター」の尾崎峯之さんは、国の各種施策に詳しく、会社の事業計画に合わせて、「こんな補助金制度がある」とか、「今、国はこんな施策に力を入れている」などを中小零細企業にアドバイスするシゴトをしています。

お客様と商談していて、例えば物づくりに関する相談が出たら「Aさんを紹介します」、ホームページ制作なら「Bさんに聞いてみます」、商品撮影の話が出たら「Cさんなら相談に乗ってくれるはず」など、信頼できる仲間をどんどん紹介してシゴトをつくっています。まさに仲間とジョイントしながらシゴトを広げるHUB的な存在といえます。

僕のまわりでは「応援力」を大切にしています。自分さえよければいいのではなく、お互いに応援し合える関係性をつくっています。「その件ならあの人を紹介しますよ。絶対の信頼が置ける仲間ですから」。こんなふうにお互い言い合える仲間の存在です。

一つ注意したいのは、紹介を強要するような組織もあることです。本来、紹介というのはお互いの人となりを知り、そのことならあの人に声をかけようと自然に起こるものです。強要されてするものではないので、間違わないようにしましょう。

コミュニティに所属する

人とのつながりを広げるにはコミュニティに入る方法があります。セミナーで名刺交換をしても多くはその場限りの付き合いで終わります。コミュニティに参加すれば何度も顔を合わせることができ、自然と親密度も増していきます。

では、どんなコミュニティに入ればいいのでしょうか。まずは自分が興味・関心があるテーマから探してみることです。

趣味のコミュニティなど、共通言語やテーマを持つ人たちが集まる場所を見つけます。ただし、最初から知り合い同士が集まる場は単なる馴れ合いになりがちですし、異業種交流会はみんな参加する目的や目標やテーマもバラバラなのでお勧めしません。

同じ目標やテーマを持つコミュニティに参加することは、つながりをつくるだけでなく、モチベーションを保つ意味でも有益です。一人で活動していると、日々の忙しさにかまけ、知らない間にやる気が下がっていくものです。そんなときコミュニティに所属することでエネルギーをもらうことができます。

コミュニティに所属したら積極的に幹事や事務局に手を挙げましょう。コミュニティがどのように運営されているのかを実践の中から学ぶことができます。同時に、主催側に立つことで、運営上の問題点や苦労しそうなポイントも知ることができ、自分がコミュニティを立ち上げる際に大いに役立ちます。

相手に役立つことをすることが人付き合いのこつ

「まず相手に与えなさい」とは、よくいわれる名言です。実際に仕事に限らず人付き合いにおいて大切なのは、与えることにあります。「情けは人のためならず」ということわざもある通り、与えることが巡り巡って自分に跳ね返ってくるものです。人は自分がこまったときに助けてくれた人を決して忘れません。

仕事で人間関係をつくるときは、相手にとって役立つことをすることを特に意識しましょう。「もうけたい」「かせぎたい」という気持ちが先行してしまうと、無意識のうちに相手の利益よりも自分の利益を優先してしまいがちです。

「自分がされてうれしいことをする、自分がされたら嫌なことはしない」と、子どものころ、親にいわれた人も多いのではないでしょうか？　相手は自分の鏡です。肝に銘《めい》じておきましょう。

第5章の
まとめ

◎集客は、お金をかけない代わりに手間をかける

◎ネットだけに頼らず、知り合いに直接声を掛けていくことからスタート

◎見つけてもらう→選んでもらう→買ってもらうという三つのステップがある

◎ホームページは、パソコンだけでなくスマホに対応していることは必須

◎ブログは構成の型を決めておくと、書くための時間が短縮できる

◎メールマガジンは、今なお基幹ツールとして有効

◎インターネットラジオや動画サイトなどインターネットメディアを活用する

◎「Ｆａｎ（愛好者）」と「Ｆｕｎ（たのしむ）」という二つのファンが大切

第6章

「動く」「試す」「たのしむ」
この三つの精神を忘れなければ大丈夫！

1

すべての答えはお客様にあり！だからこそまずは「動く」

ここまでシゴトづくりに必要なことをお伝えしてきました。後は実行するだけですが、実はこれが大きな関門です。

活動準備中はいろいろなことを考え、考えるほど行動は止まってしまいがちだからです。止まってしまった人に「まずは動いてみようよ！」そう伝えるのですが、なかなか動けません。理屈でわかっていても第一歩が踏み出せない状態になるのです。この章ではどうすれば動けるのかについて解説していきます。

すべての大敵は「不安」にあります

コミュニティでこれまでたくさんの人と関わってきましたが、必ずといっていいほど起こるのは行動が止まってしまうことです。サポート期間中に「身の丈シゴトづくり」に必要なことはすべて習得し、数か月間という期間で集中してインプットしていくので、一人になったときに多少減速するのはやむを得ないことです。

本当は勢いをつけて一気にビジネスを進めてほしいところですが、ここで止まってしまう人がいます。その理由は「不安」です。**「不安がある→動かない→さらに不安になる→もっと動けなくなる→安定を求める→何もしなくなる」**という悪循環が生まれます。まさに負のスパイラルです。

いろいろ考えれば考えるほど不安は大きくなっていくものです。不安になるとその上にまた不安が重なっていき、やがて動けなくなり止まってしまいます。一度止まったら、もう一度動き始めるには相当のパワーが必要になります。

考え尽くしたら動く、ただし考え過ぎてもいけません

商品・サービスを決め、競合をたくさんチェックし、市場もそれなりに調べてきた。さらに相場を確認して価格も吟味し、現時点ではこれ以上できることはない。

そこまでやってきたにもかかわらず、「でも本当にこの商品やサービスが売れるの

だろうか？」という不安が湧いてくる。不安を解消するために周囲の人に聞いてみると、「そんなので商売になるの？」「無理じゃない？」「厳しいと思うよ」など、否定的な意見ばかりが出て、「やっぱりダメかも。もう一度考え直そう」と、動きを止めてしまうわけです。

そんな外野の声に振り回されてはいけません。そもそもやってもいないのになぜダメと言えるのでしょう？

「考え過ぎる↓迷う↓人に尋ねる↓否定される↓動きが止まる↓何も変わらない」。

これも行動を止める負のスパイラルです。

このような悪循環に入ってしまうと出口は見えなくなり、その時点で止まり、最悪の場合は「やっぱり無理だ」と断念してしまうケースもあります。「考え尽くしたら動く」。肝に銘じてください。

最初から100点なんて必要ない、60点主義でいこう

新しくつくるビジネスはまさに未知の世界です。今まで誰もやったことがないこと

を手がけていくわけですから、「買ってもらえるのだろうか？」「お客様は集まってくれるのだろうか？」、そんな思いが巡り、答えのない旅に向かっていきます。

心がけてほしいのは「60点主義」。始める前から完璧を求めて100点を取る必要はありません。集中して考えて、練り込んで出てきたものが60点までできたと判断したら動いてみます。

「動けば動く」

「動けば動く」という言葉があります。頭の中にあることを口に出してみる、交流の場に参加してみる、自分が組み立てたものをトライしてみるなど、とにかく「動いてみる」のです。動くと物事は動き始めるという意味です。

動いてみて、お客様からの反応をもらい、修正したり改善したりすることを繰り返しながら試行錯誤のサイクルを速く回していきます。「速く回す」ことが重要です。どんどん回していけば改善スピードも上がり、より早く完成形に近づいていくことができます。

準備がすべてできてからやろう、お金ができたらやろうと思っている人には新しいものは生まれません。とにかく動いてください。

投資が大

最初から時間やお金を投じ過ぎて完成形や理想形を目指さないことです。

きいと、そのぶん軌道修正も難しくなります。これはビジネスの鉄則です。お客様あってのビジネスですから、軌道修正は必ず発生するものと心得てください。

「それ面白い！」と思ったら数分後には動いている。これこそひとりビジネスの醍醐味です。動いたことでうまくいかないことなどたかが知れています。それよりも、やらないで後悔した方がずっとストレスになります。

コミュニティではトライアルという一定期間ビジネスをつくり込んだらそれをみんなの前で実践してみるという取り組みをやっています。

その目的は、実践を通じて自分を知ってもらうこと、自分のやろうとしていることが第三者からどう見えるのか把握すること、参加した人からフィードバックをもらうことという三つ。シゴトづくりは実践の連続です。机上でつくったものをより現実的なビジネスに落とし込んでいくためには、早い段階から第三者に見てもらうこと。トライアルという仕組みでビジネスが完成する近道を進むことができます。

トライアルの目玉に「ほしぞら商店街」と呼ぶイベントがあります。メンバー一人一人が商店主になって自分の商品を披露します。大人の文化祭みたいなものですが、この場に出店するか否かでみんな最初は躊躇します。なぜなら、自分の商品・サービスが人に見せられるほど完成していないからです。
「出店して恥ずかしい思いをするのではないか」「ダメ出しされたらどうしよう」と考えがちです。しかし、思い切って出店したら大きな成長につながります。

「まだ軸が定まり切っていない状態ながら勢いだけで出店しました。当初は不安も多々ありましたが、周りの方のサポートと刺激を受け、想像以上の達成感と充実感、そしてこれからの自分のシゴトづくりの原点になりました」

何ごとも「やってみる」精神で臨むことからスタートする。その結果さまざまなフィードバックを得られる。「ほしぞら商店街」で目の当たりにする光景です。

１００の二次情報より一度の現場体験

世の中にはたくさんの情報があふれています。情報収集にはネット、本、セミナーなどあらゆる手段があり、知り合いからの情報を含めるととんでもない量になります。

「あの人にこういわれた」「セミナーではこうした方がいいといっていた」「本を読むとこんな情報もある」など、情報量が多過ぎると、「どっちがいいんだろう?」「本当に今まで考えてきたことでいいのだろうか?」と余計なことまで考え始めます。

何を信じたらいいのかわからなくなり、決断に迷い始めます。「答え」を見つけたくなり、さらに時間をかけて情報を集めようとしてしまいます。

このような大もとの情報にフィルターがかかった「二次情報」ばかり追い求めても結論は出ません。真実の情報を得るには自分自身が体験することです。自分が肌身で感じない限り、本当に必要な情報なのか、正しい知識なのか結論を下すことなどできないのです。

ある程度情報収集をしたら必ず自らの足で現場に行ってみることです。自分の目で見て自分の身体で経験してみることが大切です。

行動に移して初めて価値が出る

ビジネスには、人が考えつかないような新しいアイデア、斬新な発想が必要といわれます。しかしただ思いつくだけではダメ、実行に移してこそ初めて価値が生まれるのです。

「こんなものがあったらいいな」とまでは、みんな思いつきますが、そこから実際に行動に移せる人はごくごく一握りです。

行動することで結果が出て、それをもとに修正をかけて次の行動に移る。シゴトづくりを軌道に乗せるためには複業のうちから試行錯誤をどれだけできるかにかかっています。複業時代ならダメージが少ないので、どんどんやっちゃってください。

木の年輪は、木部と樹皮の境で細胞分裂が起こりつくられます。色の薄いところは春から夏にかけて、色の濃いところは夏から秋にかけてつくられ、冬は成長が止まります。環境の変化に身を置きながら外へ外へと新しい繊維細胞や年輪をつくり成長をしていきます。新しい年輪は外側に外側にできていくわけです。

僕たちも日々環境の変化の中で生きています。ときにはうまくいかなくて成長が止まることもあります。それでも少しずつでも成長していこうとする意思は捨ててはならないのです。

2

うまくいかなくても仕切り直せばOK！とにかく「試す」

「商品・サービスをつくり込んでいますが、本当にこれがお客様に興味を持っていただけるのか不安です」

「ビジネスプランを練っているのですが、世の中的にこれがいいのでは？　こんなニーズもあるのでは？　といろいろなことが想定されてなかなか前に進めません」

こんな相談をよく受けますが、いずれも始める前から不安ばかりで、単なる取り越し苦労でしかありません。

動いた結果を検証する「試す」方法

本番スタートの前に試しにやってほしいことは以下の二つです。

①「もし自分がお客様だったらその商品やサービスをよろこんで買いますか？」と自

問自答する。「そんなこと当たり前」と思うかもしれませんが、意外とこれができていない人は多いのです。

自分なら本当にそれを買いたいと思えるか？　自分が自信を持って人に勧められるものでなければ、売ることなどできません。最初に必須でクリアすべき条件です。

②実際に「売ってみる」。自分の頭の中だけで考えているだけでは埒《らち》が明きません。実際にお客様が受け入れてくれるか否かは買ってもらわないとわからないのです。売ってみることをテストマーケティングといいます。

テストマーケティングの目的は二つあります。一つは**試行錯誤を繰り返すことで商品・サービスを磨き上げていく**ことです。実際に買ってもらって、よかったところと改善すべきところをヒアリングします。いいといってもらえたことはさらに伸ばし、改善すべきところは修正をかけます。

テストマーケティングを繰り返すことで、どんどんお客様に支持される商品・サービスが出来上がっていきます。また、本番がスタートする前にテストマーケティングを重ねることによってリスクを最小限にすることもできます。

テストマーケティングを協力してもらう相手の決め方も重要です。きちんと趣がわかっている人でないと意味がないため、テストマーケティングをやってもらう人は吟味してください。

ベストは、同じようにビジネスを志す仲間です。フィードバックしてもらうときは、耳触りのいいことだけでなく、「自分がお客様だったらこうした方がいいと思う」といった辛口なことも言ってもらうことがポイントです。

テストマーケティングのもう一つの目的が実績づくりです。具体的には「お客様の声」を集めることです。実績とは、何回やったとか、いくらの売り上げがあるとかだけを指すのではありません。

「無料で提供しますので、こちらのシートにできるだけ具体的に答えていただけますか?」と依頼します。そこで得た声を、お客様の承諾を得た上でホームページやチラシ、パンフレットにも掲載します。これこそが何よりの実績になります。

初めて訪問したホームページで、何を見てその会社や人を判断していますか? 参考にするのは商品・サービスを購入した人の声ではないでしょうか。お客様の生の声に勝る信用はないのです。

お客様の声を掲載するにはこつがあります。それは、「ビフォー」と「アフター」

の両方を入れることです。「よかった」「助かった」「ためになった」というようなアフターだけを載せがちですが、お客様は自分のこまりごとや悩みを解決したくて商品やサービスを探しています。

「自分と同じような悩みやこまりごと」にあたるのがビフォーです。「自分と同じような悩みを持った人（ビフォー）が、こんなふうに変わっている（アフター）、これなら自分も悩みが解決できるかも」と感じるのです。

商品づくりをしているといつの間にか売り手目線になりがちです。大切なことはいつも買い手目線を意識すること。**「商品・サービスは自分がつくったものではなく、お客様が買ってくれたもの」**。ビジネスの考え方の原理原則です。言葉の意味をしっかりと理解していきましょう。

テストマーケティング・チェックシートの解説

テストマーケティングの具体的手順について解説します。知り合いや仲間に協力してもらって、つくった商品・サービスを提供してみてください。協力してもらうので基本は無料です。その代わり、商品・サービスのどこがよくてどこがよくなかったのかをしっかりフィードバックしてもらいましょう。ここでもらったフィードバックは生のお客様の声になります。

フィードバックをもらう内容は次のチェックシートの通りです。ここでは、オンライン会議が双方向にできるサービスを相手にフィードバックしてもらったものを例で挙げています。

まず、商品・サービスを提供されてよかったところを書いてもらいます。いっぽう、「ここをもっとこうしたらさらによくなる」という改善点を書いてもらいます。

最後に、価格帯はどの程度なら妥当かについても書いてもらいます。よかったところはさらに伸ばし、もっとこうしたらいいという点を取り込むことで、サービスの内容は磨かれていきます。さらに、よかったところは「お客様の声」として実績の一つになります。

各々についてGOODとMOREを書いてもらいます。GOODは文字通りよかった点、MOREはもっとこうしたらよくなる点です。

BAD、つまり悪い点のダメ出しというのは避けましょう。ダメ出しされると後ろ

テストマーケティングフィードバックシート

※ご多忙の中ご協力ありがとうございました。いただいた声をしっかり受け止めてさせていただきます。できるだけ具体的に書いていただけるとうれしいです。

●月　●日	商品・サービス名：オンライン会議双方向サービス

商品・サービスを提供されて良かったところ〈GOOD〉	今まであったオンライン会議だとスライドをただ読む感じの程度のものばかりでイマイチだった。今回のサービスは、一つの画面の中にスライドはもちろんのこと、進行中の質問などが横に出てきて、相手とのやりとりがスムーズにできた。ありそうでなかったサービス。これで社内のオンライン会議も格段に進歩すると思います。

※上記につき、WEBやチラシに掲載させていただいてよろしいですか？
　実名でOK　　匿名でOK

「ここをもっとこうしたらさらに良くなる」という改善点〈MORE〉	スタートするまでの設定がシンプルな手順になること、相手の声がもう少し聴きやすくなることができたらさらに良くなると思います。また必要な通信環境などのQ&Aもつけてあげるとベストですね。

このくらいの金額なら妥当と思う金額	説明など込みでサービス導入費20000円 使い勝手向上や拡張を含めたサポートで月額モデルも考えられるのでは？

向きになってしまいますよね。あくまでMOREを意識します。

批判や評論ではなく自分事として言いにくいこともしっかり書いてもらうことが重要です。フィードバックは次につなげるためのもの。状態を適切に把握するために必要な項目を網羅するようにしましょう。

3

やりたいことにスイッチを入れて「たのしむ」

シゴトづくりは誰もやったことがない未知の世界を自分で考え、実践していきます。だからたのしくないわけがありません。

結果なんてやってみないとわかりません。スタートした後の失敗はリカバリーが大変です。会社員なら複業で少々失敗してもまったく問題にはなりません。それどころか**失敗することで経験値が蓄えられ自分の成長につながります。**失敗をたくさんした人こそが、本当の専門家になっていくのです。

「一石三鳥」の発想でたのしくなる

先に書いたテストマーケティングをやると、一度に三つの成果が得られます。①商品そのものを磨くことができる、②お客様の声という貴重な実績が手に入る、と先に述べました。加えて、③新たな商品・サービスが生まれる可能性があります。「実際にお客様の様子を見たらこんなことをしたらいいかも？」と発想が広がるからです。あったらいいなを考えているとワクワクしてきます。逆に眉間《みけん》にしわを寄せて考えていても発想は広がりません。**たのしそうにしている人のところには自然と人が寄ってきます。**たのしくやると、他にも好影響を与えます。

たのしむためのこつは自分がたのしいことをやること。相手をたのしませる前にまず自分がたのしむことを忘れないでください。

まずは自分で1万円かせぐことを目標にしてみましょう

試す中でゴールにしてほしいのが「相手からお金をいただく」ことです。商品・サービスの試作段階では無料でいいのですが、最終段階ではお金をもらってください。**シゴトづくりが、お客様から「認められた」ことの証になるものは対価**です。お客様からお金をもらうことが最初の大きなハードルになります。シゴトを本物にするためにクリアしてください。

金額は1円からでいいという人もいます。でもせっかくやるなら最初は1万円かせぐことを目指してみてください。

1万円をかせぐということは、それ相応に価値を提供できたことになります。本番へ向けて大きな自信にもなります。そして対価とともに「ありがとう」と感謝の言葉をもらえたら合格です。商いの本当のたのしさとやりがいを知る瞬間です。

アップダウンするモチベーションを保つこつ

複業をしているとモチベーションが下がってしまうこともあります。

「忙し過ぎて、自分のシゴトづくりを考える時間がない。やらなきゃいけないのはわかっているけれど、ＳＮＳを見ると知り合いはがんばっていて、よけいにあせってしまう。後ろめたさもあるし、だんだんＳＮＳも見たくない気持ちになる……」

進んでいないときは、誰でもモチベーションが下がるものです。モチベーションが下がると、活動する気も失せてきます。交流の場に出たり、外に出ていくことも億劫《おっくう》になったり、当初思っていた理想からどんどん遠ざかっていってしまいます。

こんなふうになってしまったら、どうするか？　まずは、その気持ちを受け入れ、無理に高く引き上げようとしないことです。そして、**「そもそも自分はなぜこの道へ進もうとしたのか？」「自分はどうなりたいと思っていたのか？」と原点に返って今の気持ちを確認**してください。

その上で「できていないこと」を口に出してみましょう。愚痴や弱音を吐いてもいいのです。自分に正直になって、感情を素直に出すことで気持ちが楽になります。

そして、もし初心のころと気持ちが変わらないのなら、「ここであきらめるものか！」と、自分を少しだけ奮い立たせてみましょう。重い一歩を踏み出してみれば、意外と元通りに動けるようになるものです。

シゴトづくりをしていれば、いろいろなことに遭遇します。周囲の環境が変わったり、良いときも悪いときもあったりします。

アップダウンは繰り返しやってくるものなので、最初から「そういうものだ」と思っておくことです。肩肘張らず上を向いて歩きましょう。

4

知っているをできるに変える「型の反復」

「知っている」ことと「できる」ことは違います。知っていることは「知識」にすぎません。できることは「実践」できることです。

英語を知っているとは、テストでいい点が取れるということです。英語ができるとは、実際に外国人と会話ができるということです。日本人には「英語を知っている」という文化が根付いていますよね。スポーツで言えば、スポーツを知っているのはスポーツ紙の記者や解説者、スポーツができるプレーヤーとは違います。

自己啓発本を読んで情報をたくさん集めている人は成功について語ることができます。でも自分がビジネスで成功しているわけではありません。シゴトづくりは知っているだけでは意味がなく、できるようになって初めて価値が生まれるものです。

では「知っている」ではなく、「できる」になるためにはどうしたらいいのでしょう？

子どものころ、自転車に乗れるようになったときのことを思い出してみてください。最初は補助輪を付けて、フラフラしながらもぎこちない状態です。そのうち補助輪の一つをとって不安定になりながらもバランスがとれるようになります。そして最後は両輪を外して一本立ち。何度もコケながらこぎ始めます。一度できたら、無意識のうちに自転車に乗れるようになっていたはずです。

シゴトづくりの実践でもまったく同じことがいえます。本を読んだり、セミナーで一度や二度、やり方を聞いたりしただけで実践なんてできません。そのときに「わかった」というレベルにすぎません。

信頼のおけるプロから基本を学び、反復する。反復する中で「わかる」から「できる」に変わっていく。**正しい型を学び、愚直に反復する**ことは、実践段階でとても重要なステップです。忘れることなく励行してください。

動いた後の着地点「ビジネス創出7つの質問」

この章では動くことの重要性を伝えてきました。最後のまとめとして、動いた結果、自分のシゴトづくりがどういう形になってきたか、全体をチェックする方法を解説します。それが次の「ビジネス創出７つの質問」に対する答えづくりです。一つ一つの質問に対して答えをノートなどに書き起こしてみてください。

①あなたのお客様はどんな人ですか？
②あなたの商品・サービスは何ですか？
③商品・サービスを買うとお客様はどうなりますか？
④あなたのお客様はどこにいますか？
⑤なぜ他ではなくあなたから買うのですか？
⑥なぜその仕事がしたいのですか？
⑦あなたは何の専門家ですか？

思いや考えを言葉で表現することを「言語化」といいます。言語化できないものは相手に伝えることはできません。言語化は、一度や二度やったくらいで身につきません。トレーニングと思って、何度も何度も書くことを繰り返してください。

「７つの質問」はビジネスを形づくる上で本質を突きます。自分として納得感のある答えがつくれたら、それを第三者に話してみてください。

第６章の
まとめ

◎不安から動けなくなり、一度止まってしまうとより不安が大きくなる

◎１００点満点を目指さず60点できたら動き出す

◎シゴトのアイデアが固まったら第三者に話しをして評価を聞いてみる

◎アイデアのある人はたくさんいるが、実行に移したのはほんの一握り

◎テストマーケティングで商品・サービスを磨き上げる

◎テストマーケティングで「お客様の声」をもらい実績づくり

◎テストマーケティングから新たな商品・サービスが生まれることも

◎「お金をいただく」うえに「感謝される」。そんなシゴトづくりを

第7章

複業で自信ができたら脱サラリーマン！独立起業で見える景色

1

複業を起業へ変える2つの分岐点

実際に起業してすぐのころってどんな心境になるのでしょう？　最初に現役の起業家数名の生の声をご紹介します。いずれも彼らが起業して1年未満のときの声です。

「あせってはいない。というか正確に言うとあせることを抑えている。いったんは自分を信じることにしている。頼るものは自分しかないから」（45歳・講師業）

「怒濤《どとう》の毎日です。起業してよかったことは自分のビジネスがお客様の役に立つことがわかったことと、お客様からありがとうと言ってもらえること。小さな事柄の積み重ねですが、このことでやっていこうという気持ちがかたまりました。なかなか売り上げが上がらないのは厳しいことです」（38歳・コンサルタント業）

「起業してすぐのころは手探り状態でしたが、動いていくことで少しずつ方向性が見えてきました。そして徐々に自分がやっていることに確信が持てるようになりました。これで生きていくんだという気持ちになりました」（46歳・プロデューサー業）

「なかなか結果が出ないなど、気持ちが沈むときはいっぱいあります。でも苦しいときこそがむしゃらに動くことに徹しています。誰よりも努力して動けば結果はついてくると信じています」（52歳・カウンセラー業）

「頭でわかっていても実行に移し、習慣に変えていくのは大変なこと。やっては止まり、やっては止まりの繰り返し、うまくいかないこともあるけれど、動いていれば少しずつでも前に進める」（59歳・個人旅行業）

みんな不安でいっぱいでした。でもくじけることもあきらめることもなく、自分を信じて前に進もうとしました。リスクがあるからこそ真剣になり、一生懸命、知恵をしぼり、活路を見つけることができるようになるのです。

複業を起業へ変えたいなら期限を決める

複業から起業へと切り替える決断をするきっかけは何でしょう？ 「複業収入が給料を上回ったら」。そう考える人も多いでしょう。でも、これでは前に進むことはできません。なぜなら収入は変動するからです。一時的にかせぎが出たからといって、その後も安定してかせげるという保証はありません。

そんな安定志向で起業するのは難しく、そのまま複業を続けるという選択肢をお勧めします。複業であれば、お金のリスクはありません。一方、起業は未知の世界のことですから収入面で安定を求めると、なかなか決断は難しくなります。

それでも、「どうしても自分は会社を辞めて好きな仕事をして生きていきたい」、そう決断したのであれば、**「いつ、スタートするのか」という期限を切る**ことを実行してください。「202＊年1月1日に、会社員生活に終止符を打ち、起業をスタートする」と日付を決めるのです。

期限を決めるときは、具体的な日付を決めてください。「3年後に起業する」というのはNGです。3年後といっていたらいつまで経っても3年後です。そんなことをいって、実際に起業した人を一人も見たことがありません。

期限を決めない人はいつまで経っても今のままです。期限を決めた人は新しい世界をつくることができます。

2

お金？ 気持ち？ あなたの「不安の正体」をあばく

「不安」という言葉は、本書にも再々出てきています。人の心理に最も影響を与える要素の一つが不安です。「起業へ向けて進もう」。そう思っても、「不安」の文字が大きく頭をもたげてきます。どうしたら不安を小さくすることができるのでしょうか？ その答えは「不安の正体」を明らかにすることです。

起業した後の不安にはどんなものがあるでしょう？ 「商品を買ってくれる人がいるか？」「お客様を集めることができるか？」「そもそも生活していけるのか？」「給料がもらえなくなったらどうなるのか？」「お金が底を尽きたらどうなるのか？」など、さまざまなことが頭の中を巡るはずです。**一番の不安はお金の問題**ですね。

お金に対する不安の正体を明らかにするために、さらに細かく見ていくには、「家計」を把握することです。住居費／光熱費／通信費／食費／日用品費／衣服・美容費／交通費／教育費／医療費／娯楽・交際費／生命保険／貯蓄……。これらの合計が家計です。そしてこの家計が起業後にはどうなるのか、毎月の収入で割り当てているものの内訳をすべて把握します。家計をまかなえる金額が必要な収入ということになります。

事業収支というと、売り上げ計画をつくることと思っているかもしれませんが、残念ながらそれでは現実と乖離してしまいます。「手元の現金がどうなるのか？」「毎月かかっている家計をまわしていけるのか否か」に視点を置いてください。

数字で具体的に置き直してみることで現実が見えてきます。「お金がなくなったらどうするの？」ではなく、最低限どれだけのお金をまわせばいいのかを把握します。**これまで得体の知れなかった「お金の不安」は数字にすることで実体が見えてきます。**実体が見えたら、何をすべきかわかり、それを一つ一つ実行に移していけばいいのです。この繰り返しで不安は少しずつ消えていきます。

家計の把握とセットで会社員時代にトライしてほしいことが、今の支出をできるだけ下げて生活してみることです。家計を見直すと「これってなくてもいいよね」「無駄なものを払っているな」と今まで気にしていなかった余分な支出が見えてきます。まずそういったものをすべてカットします。

さらに「毎月の支出の中で圧縮できるものはないか」を見直します。ミニマムのお金でどれだけ生活が保てるのかを体験してみることで、万が一の事態にも向き合えるようになります。苦しいときに大きく効いてくるので、ぜひ試してみてください。

起業後の不安の多くはやはり「お金」の問題

起業前にもたくさんの不安がありますが、実際に起業するとそれにも増して不安を抱えることになります。どんな不安か？ 卒業生である現役の起業家たちの話からエッセンスを紹介します。

「独立してからはすべて自分でコントロールすることになります。自由な半面、自己管理が必要になり、『何となく気分が乗らない』『やる気が起こらない』と何もしないで終わってしまう日もあります。気持ちをコントロールする力を鍛えないといけないと感じました。お金にも苦労しました。なかなか起業後の仕事だけで食えるようにはならないので、半年や1年分は生活できるお金を用意しておくことが必要と実感しました」（44歳・コンサルタント業）

「気の緩みが原因で体調を崩してしまいました。会社員と違い、独立したら代わりに仕事をしてくれる人がいないので、健康管理はとても重要です。起業前からどういうふうにお金をまわしていくかについて、きちんと考えておいた方がいいと思います」（28歳・トレーナー業）

「今はそこそこ仕事がまわっていますが、どれだけ仕事があっても、ある日突然なくなることもあります。だから、仕事がいつなくなるかわからない不安は常に持っています。継続的にかせげる仕事をどうつくっていくかを常に課題として考えています」（30歳・動画制作業）

このように、共通するのはやはりお金の問題で、起業1年目は特にシビアです。満足のいく売り上げが得られない一方で、出費は容赦なく発生していきます。

この時期をどうしのげるかで、成否が分かれると言っても過言ではありません。乗り切るためには「1年間はほとんど食えない」ことを前提に、どうお金をまわすのか前もってにしっかり考えておくことです。

そしてもう一つが自己管理。起業したら100％の自由が得られます。あなたに干渉したり、文句を言ったりする人はいなくなります。その代わり、責任も自分一人が負うことになります。自分を律することの重要性を再認識しておきましょう。

不安とワクワクのバランスを取りながら毎日を送る

不安の反対側にあるのがワクワクです。そもそも何のために起業しようと思ったのでしょう？　自分がやりたいことを自由にやれるからですね。起業はワクワクしながら進めていくものです。

「あんなことをすると面白そう！」「こんなのがあったらいいよね！」「次はこんなことがしたい！」。最初はすべて妄想《もうそう》から始まります。肝心なのは妄想のまま終わらせずに現実に変えていくことです。ワクワクは不安と対局にあるものです。**不安をワクワクで打ち消していきます。**ワクワクと不安のバランスを上手に取りながら、折り合いをつけて毎日を送っていきます。

人は安心感を求め、楽な方へ流されやすいものです。安定のないものへ立ち向かうには踏み出す強い力が必要になります。楽な方ばかりを選んでいては、現状は何も変わりません。「ありたい姿」「ありたい人生」を自らたぐり寄せるには、ここぞというときに踏ん張ることが必要ということを忘れないでください。

3

「会社なし」「事務所なし」「雇用なし」の三なしで思い込みを外す

ビジネスを始めるには、「会社をつくる」「事務所を持つ」「従業員を雇う」必要があると思っていませんか？　いずれも必要ではありません。その思い込みこそが失敗につながる原因です。

身の丈のシゴトづくりでは、「会社を持たない」「事務所を構えない」「従業員を雇わない」の三なしが原理原則です。

最初は個人事業主でスタートしよう

一つ目の「会社なし」とは、どういうことでしょう。「会社をつくらないとビジネスができないのでは？」と思っている人も多いでしょう。

事業を始めるには法人と個人の二つの形態があります。会社をつくるとは法人を設立するという意味です。法人とは株式会社や合同会社と呼ばれるものです。法人設立には登記という手続きを踏まないといけません。手続きには税金などの費用が発生します。

自分で登記もできますが、司法書士などに代行してもらうと報酬が必要になります。法人設立に必要な費用は、司法書士への代行報酬を含めておよそ30万円前後です。

法人になると法人住民税の均等割という税金を払う義務が発生します。これは、赤字であっても支払わなければなりません。さらに経理や決算業務が煩雑になるので、経理担当者や顧問税理士を雇うことになります。すると月々の費用が発生します。このように法人にしただけで、たくさんの費用とランニングコストが必要になるのです。

もう一つが個人で事業を始める方法で、一般的に個人事業主と呼ばれています。個人事業主になるためには税務署に開業届を提出します。ネットからダウンロードした様式に必要事項を書いて、税務署窓口に持っていくだけで、費用も発生しません。

まだ、ビジネスが軌道に乗る前で、先が見えない中、お金をかけるのは得策とはいえません。**個人事業主としてビジネスを始める人はたくさんいますので、必ずしも法人にする必要はない**ことを知っておいてください。

事務所を持つと初期費用に加えランニングコストが膨大にかかる

二つ目が「事務所なし」。つまり自宅を拠点として始めることです。仮にマンションの一室を新たに借りて、事務所を構えたときどうなるのかを解説します。

賃貸するには、敷金・礼金に加え仲介手数料が発生します。少なく見積もっても家賃3か月分で、家賃が10万円なら30万円になります。

他にも、テーブルや椅子、本棚といった什器《じゅうき》が必要になり、買いそろえると20万円程度はかかります。初期費用としてあっという間に50万円を超える費用が必要になるわけです。さらにランニングコストとして家賃と光熱費、通信費などが発生します。売り上げが上がらないのに毎月経費は出ていく状態になります。

「事務所なんてすごいね！」。そんなふうに、みんながお祝いしてくれて自分だけの城ができたとよろこんでいられるのは最初の1、2か月だけ。後は毎月の支払いに追われるようになるだけです。

固定の事務所でなくレンタルオフィスにする方法もあります。初期費用はもう少し抑えられますが、毎月のランニングコストが発生することに変わりはありません。固定費を極力なくすことがひとりビジネスの鉄則です。

どうしてもレンタルオフィスが必要な場合は、ミニマムなものを厳選してください。

「月額９８００円のレンタルオフィスが見つかったので契約しようと思います」と、これから起業しようというメンバーが相談に来ました。利用用途を聞くと、都心に来たときの作業場所にするとのこと。それだけなら、もっと安いところがあるはずだから、さらに探すようにアドバイスしました。会社員の感覚のままで、ランニングコストがどれだけ負担になるか、その意識が不足している人が実に多くいます。

事務所自体は売り上げを生み出しません。事務所を持つと体裁がいいとか、見た目にこだわるよりも、徹底してコストを削減することを意識してください。

また、レンタルオフィスを借りて、その住所で法人登記する人もいたりします。レンタルオフィスで登記したらその後、本拠地を移転したいときに本店を変更する費用がかかり、これも余分なお金です。僕もそれをやってしまった経験があります。

会社設立と事務所は、収入基盤がしっかりと安定してきたとき、本当に必要と感じたときに考えれば十分です。

ネットが普及した今は、**仕事はどこにいたってできる時代**です。いつでもどこでもオフィスです。僕は現在、山の中に拠点をつくって仕事をしています。月のうち半分は山のオフィスからネットを介して情報発信しています。メールやチャットで仕事の段取りはすべて組めますし、クライアントや取引先とのミーティングはZoomというオンライン会議システムを使えば、何ら支障はありません。

今もこうして山並みが見えるデッキに座って原稿を書いています。聞こえるのは鳥の声とそよぐ風の音だけ。頭をリフレッシュでき、発想が広がるので作業効率もアップします。

ここまでの10年で、自宅↓バーチャルオフィス↓レンタルオフィス↓マンションの一室（都心）↓マンションの一室（郊外）といろいろな形で事務所を変えてきました。そして自宅＋山のオフィスに落ち着きました。今のところこの働き方が一番しっくりきています。どんな場所でシゴトをすれば、最もパフォーマンスが上がり、集中できて、アイデアが広がるのか？　事務所ありきではなく、心地よくシゴトができる場として何が必要なのかを最優先して考えていきましょう。

シゴトの成果は、時間や場所によって決まるわけではありません。子育てが一段落ついて働きたいお母さんや、介護で家から離れることが難しい人など、優秀なのに場所と時間に制約されて社会復帰できない人がたくさんいます。自宅で仕事ができる環境と仕組みをつくれば、そういう人にも働く場が提供できます。

会社員を長年やって、今こうした立場にいる身からすると、根本的に働き方を変えていくべきといつも感じています。働く環境はその人が一番力を発揮できることがベストなのですから。

人に振り回されない自由な働き方、それが「ひとりビジネス」です

三つ目が「雇用なし」です。ビジネスを始めるのなら従業員を雇うのは当たり前と思っていませんか？　それは会社員生活で培われた思い込みでしかありません。一人でもビジネスをすることは十分可能です。

人を雇うと給料を払うことになり、社会保険料も一部負担しなければなりません。組織になると日々いろいろな人間関係の問題が起こり、そのフォローをしなければなりません。ものごとを決めるのにも自分だけの判断では動かなくなります。

何より雇用した人とその家族の生活を支えるという大きな社会的責任が発生します。自分と家族が食べていけて、少しだけ余裕のあるところを目指すのなら、無理をして規模を大きくする必要なんてありません。人を雇ってお金と管理に追われ、その人の人生を背負い込むなんてしなくていいのです。

やりたいことがあるのに人の調整をするなんてナンセンスです。自分が思ったことを即断即決できる、会社員として組織のしがらみの中で生きることが嫌でこの道を選ぶのですから、もっと自由になりたいはずですね。ただし、**うまくいってもそうでなくても自分の責任、他人のせいにはできない**ことが前提です。

僕も事業を始めて10年の間に、規模を拡大しようとしたときがありました。でも、結局うまくいきませんでした。理由はいろいろありますが、行き着くところは自分がやりたい路線ではなかったからです。組織に縛られず、自分が思ったことが即断即決できる自由さが自分にとって最優先であることに気づきました。

事業を始めるときはとにかく身軽に始めることです。そして自分がやりたいようにできる体制にすることです。それが継続のヒケツです。70名を超える卒業生たちが廃業することなくずっと事業を続けている大きな理由がこの「三なし」です。

4

独立起業を目指すなら考えたい 最初の1年の収支計画

さて、もう少しお金の話を続けましょう。「起業に必要なお金とは？」と聞くと、よく開業資金だと思う人がいます。しかし、ここでいうお金とは、開業資金や自己資金ではなく、当面必要となる生活費のことです。

収入がなくなっても住居費や食費、社会保険、税金などは支払わないといけません。起業してすぐは、それらをまかなえるほどかせげず、通帳の残高はどんどん目減りしていき、お金は溶けるようになくなっていきます。手持ちのお金がなくなってくると気持ちにゆとりがなくなります。そうならないためにはどうすればいいのでしょう？

まずは1年目に集中して考える

一般的に事業計画表などをつくると3年目、5年目はどうするかといった項目がありますが、現実的にはあまり意味がありません。なぜならそんな先のことは誰にもわからないからです。まず注力したいのは起業後1年目の収支です。1年目を乗り切ることができたら、初めて次のステージが見えます。

収入＝売り上げ－（原価＋経費）です。まずはこの公式をリアルに考えていきます。原価とは、物販であれば仕入れ代金、サービス業であれば外注費です。経費とは、自分の給料、会場費、交通費、会議費、新聞図書費、事務用品費、広告費といったものです。

さらに社会保険や税金の支払いもあります。これだけの出費があり、それをまかなえる売り上げが理想ですが、1年目は思ったようにはいきません。

売り上げを3階建てで組み立てる

家計を明確にし、まかなえるようにすることが現実的な目標になります。起業当初はやりたいことだけでかせぎをつくるのは並大抵のことではありません。そこで、それ以外でもお金をやりくりする必要があります。それが「売り上げ3階建てシート」

3階建て売り上げシート

	1年目		2年目		3年目		特記事項
	内容	月額	内容	月額	内容	月額	
3階 やりたいこと LOVE WORK							
2階 できること LIKE WORK							
1階 生計を 立てること RICE WORK							
家計							

づくりです。必要な家計を3階建てで組み立てていきます。**3階は「ワクワク・やりたいこと・熱量が上がること」(LOVE WORK)、2階はこれまでの経験から「できること」(LIKE WORK)、1階は「当面生計を立てること」(RICE WORK)**です。

1階から3階を足し算して、必要な家計になるよう組み立てるのですが、決して机上の空論になってはいけません。例えば1階は、失業保険や貯金の取り崩し、アルバイトといったものが入るイメージです。

「そんなの夢がない」と思うかもしれません。でもここでリアルに考えておかなければ、起業後に起こる予想外の出来事に対応できずに、あわてることになります。お金に窮《きゅう》してしまい、取り返しのつかない事態になってしまったら元も子もありません。

起業には「覚悟」が必要だといいます。僕も起業前、先輩からよく聞かされました。でも最初は「覚悟」の意味をわかっていませんでした。「覚悟」とは自分が追いつめられたとき、リスクをどう取るかを決めておくことです。知り合いの起業家はバイトを三つ確保して会社を辞めたそうです。僕も起業1年目は1階で貯金取り崩し、2階として職業訓練講師をバイトでやっていました。

その意味で大切なのが2階です。あなたがこれまでやってきた仕事や経験の中で、人より少しできることや得意なことは何でしょうか？　まずはそれでお金をかせぐ算段をつくっておきます。これも会社員を続けながらする複業の一つになります。

世の中には、本当はやらないといけないけれど忙しくて手につかないことを抱え、こまっている人がたくさんいます。「緊急ではないけれど重要な案件」です。そうした人のこまりごとを「代行する」ことでビジネスにする方法もあります。

2階を持っていると起業はスムーズに進みます。かせぐ基盤づくりをしつつ、少しずつ1階、2階を減らしていく。そして3階のワクワク・熱量が上がることへシフトしていきます。

月額収入モデルをつくる

生活していくためには手元にお金が必要です。つまり利益を生む必要があります。利益を生むには売り上げを増やすか経費を減らすかのいずれかになります。両面から必ずやった方がいいことを解説します。

起業したら毎月の売り上げが変動します。「今月はそこそこ売り上げが上がったけれど、来月はまったく見込みが立たない……」。こんな状況になると手元の現金が苦しくなり、資金繰りが厳しい状態になります。胃が痛くて夜も眠れなくなる人もいます。そうならないためには、月額収入が入ってくるモデルをつくることです。

具体的には会費収入、定期メンテナンス契約、サブスクリプションのような定期購入の制度が挙げられます。毎月一定額の収入が見込めると、気持ちにゆとりができます。毎月収入が見込めるようなモデルをつくっておきましょう。

一方で、すぐにできるのが経費を減らすことですが、どうやって経費を減らせばよいかです。まず固定費を徹底してなくしていきます。先に解説した「3なし」の励行です。

一番の経費は事務所です。テナントに入る、マンションの一室を借りるなど事務所を借りるのはもってのほか。レンタルオフィスを利用する場合もきちんと精査することです。

会社員時代のコスト感覚では数千円の差なんてあまり意識しないものですが、その考え方は甘いと思ってください。他にも固定費になるものは徹底して圧縮して、厳しくシビアに考えることをお勧めします。

イチかバチかじゃない！経営者のコスト感覚を身につける

会社員時代と起業した後では、お金に対する考え方を180度転換する必要があります。節約すべきものと、投資すべきもの、この二つのバランス感覚を複業中から養っておくことで、起業した後で大きな差が出ます。

会社員の場合、例えば会食して領収書をもらえば、会社で経費として落とすことができ、お金が戻ってきます。外出するときも、交通費は精算すれば会社がお金を払ってくれます。事務用品やオフィスのコーヒーサーバーもただで利用することができますから、コストなど意識したことはほとんどないはずです。

では、起業したらどうなるのか。同じように会食に行き、「じゃあ領収書をお願いします」とお店の人に頼む場面。「自分で会社をやっていたら経費で落とせるからいいよね……」と、周囲はそう思うかもしれません。でもこれは誤解です。

領収証をもらっても誰も代金など払ってくれません。あくまでも、確定申告のときに税金を減らすためにやっているだけのことです。

交通費も同じです。事務用品やコーヒーがなくなったら自分で買い足します。ここでも経費で落とすといいながら、実は自腹と同じことです。そんな話をすると、「細かい」と思うかもしれませんが、経営とはこうした小さなコストの積み重ねです。会社員時代とはまったく違うお金に対する感覚を身につけていってください。

一方で、お金を使うべきときは、躊躇《ちゅうちょ》せずに使います。きちんとしたホームページを制作する、仕事の効率を上げるためのインフラやソフトを購入する、集客ノウハウを学ぶセミナーに参加する、重要な人に会うために飲食費を使う……、これらが起業に必要な自己投資です。

5

家族の理解を得るにはちゃんと向き合って話す

起業後に最も頼りになり、金銭面、精神面両方でサポートしてくれるのはパートナーです。起業には覚悟が必要とはいえ、いつも前向きに過ごしていられるものでもありません。鎧《よろい》を脱いで、自分をさらけ出せる場所がほしいものです。

家族に起業を理解してもらうには、一番気になるお金の話をきちんとできる準備をしておくことです。そのためには、先に述べた現実的な収入の組み立てが大切です。いきなりやりたいことだけで食べていくことはできません。起業直後、月々の収入をどうやってつくり出すのか？　足りないぶんの当面の穴埋めはどうするのか？「これとこれとこれを足し算して月収分にする」「最初の半年はこれだけだけど、1年後にはこうなる」、そして「3年後にはやりたいことだけで食べていけるようにする」など、現実的な説明をしていきます。

「なぜ起業したいのか」「起業の先はどんな自分になり、どんな家族になりたいのか」。

思いをきちんと整理して伝えます。パートナーにきちんと説明ができなければ第三者に伝えることはできません。本番への前哨戦のつもりで取り組んでください。

起業のことを家族にきちんと話す意味

コミュニティを始めたころ、妻と子どもたちに受付をやってもらいました。受付をするとメンバーの顔も覚えます。僕がどんな人と接点を持ち、どんなことをやっているかが一目瞭然となり、シゴトの会話が家族の中でもできるようになりました。家族にすべてオープンにすることで、シゴトへの理解が深まりました。

会社員時代は、会社や自分がどんな仕事をしているかについて、家族は知らなくても大きな問題は起こりません。しかし、起業したら家族とは運命共同体です。事業は家計に直結するので、理解や共有が必須になります。もし、理解がなかったらどこかでほころびが出て、やがて根っこから崩れ去ってしまうのです。

大切なのは**説得することではなく、理解してもらうこと。そして最高の協力者になってもらうこと**をゴールにしてください。

起業は家族との絆《きずな》を強くします。僕のエピソードを紹介します。

会社員時代、毎日夜遅く疲れて帰っていたころ、息子と話す時間などありませんでした。仕事オンリーで自分のことで精いっぱい、息子が何をしているかも関心を持てずにいました。息子もおそらく僕が何をやっているかなどわからなかったはずです。

会社を辞めて、起業した初めの年は自宅で仕事をしていました。パソコンがリビングにあったので、資料をつくったり、ときにはお客様とオンラインで話をしたりしていました。そんな背中を見て、息子は父親がどんな仕事をしているのかを知りました。お客様とどんなやりとりをしているのかも理解していったのだと思います。

初年度はお客様も少なく、苦悩の毎日でした。僕が妻と苦労話をしているのを息子はかたわらで聞いていました。学校から帰ると「今日はどこへ行ってたの?」「かせいだ?」「遊んでちゃダメじゃん!」、そんなふうに僕に声をかけるようになりました。「おいおい、よくそこまで言うなあ」という感じですが、息子なりに父親を気遣った愛情表現だったと思っています。

息子も今は成人し、自分が好きなことへ進み始めています。**起業は家族そのものであり、人生そのもの。**起業が人生に与えた影響は大きなものだったと言えます。

6

起業を成就する心のあり方を知っておこう

会社員から起業すると変わるものの中でも大きいのが、自由な時間です。時間が自由になる生活を手に入れたら、必ずやった方がいいのが、**月に最低１回、何も予定を入れずに自分を振り返る日をつくる**ことです。

手帳に「自分を見つめ直す日」と書いて、いつもは行かない場所で自分自身を客観視します。「仕事の時間配分はどうなっているのか？」「売り上げはどこでつくっていきたいのか？」「将来どこへ向かって進んでいきたいのか？」これまでのシゴトを振り返ることで、少し先の展開を考える時間にもなります。

心をなくさない働き方をしよう

起業した後は、自分でスケジュールを決めて、自分がやりたいように動きます。すべて自分次第です。ここで一つ気をつけなければいけないのは、「忙しい」こと自体に満足してしまうことです。手帳に予定が入っていない日は、とても不安になります。不安を消し去るために、いつも予定がびっしりという状態を無理矢理にでもつくってしまいがちです。

「毎日お忙しそうですね」と言われることが快感になるときもあります。でも、**予定を入れ過ぎると目先のことだけに追われてしまい、視野がどんどん狭くなっていきます。闇雲《やみくも》に毎日を過ごすだけでは、結果的にビジネスは先細りしていきます。**

一つのことが終わったら次の段取りはどうとか、来週1週間は予定がいっぱいだとか、1か月、2か月先のスケジュールはどうするかとか、気がついたらそんなことにあくせくして毎日を送っていたりします。でも本当にそれでいいのでしょうか？　そんな毎日を送りたくて起業したのではないはずです。たまには立ち止まって考えてみることが大事です。

「忙しい」という文字は心を亡くすと書きます。「いつも忙しそうですよね」といわれていたら「いつも心を亡くしてますよね」といわれているようなものです。

「いつも暇そうですよね」。そう言われるような働き方をしていきましょう。それが本当の自律的自由人になることです。

一にも二にも健康であることが何よりも大事です

起業するにあたって一番大切なものって何だと思いますか？　ビジネスに必要な知識、相手の信頼を得る力、新しい発想力、行動力、情熱、たゆまぬ努力、くじけない心……いろいろとあり、もちろんすべて必要なことです。

中でも一番大切なものは「健康」です。身体の調子が悪いだけで仕事への取り組みや意気込みは格段にダウンし、仕事が手につかなくなります。

「次はこんなことをしていきたい」「売り上げをもっと上げたい」「集客にもっと力を入れよう」。そんな話は心身の健康あってこその話です。どんなに情熱を持ち、行動力があっても、健康を害してしまったら前に進めなくなってしまいます。

会社員時代と違い、健康は自分で管理しなければ、誰も注意してくれません。会社員には有休があり、休んでも一定の生活は成り立ちます。起業したら代わりにやってくれる人はいないので、健康を害したらすべてがストップします。

健康診断だけでなく、身体を鍛えることも大事です。いきなり筋トレだとハードルが高いので、とりあえず歩くことから始めてみるのもいいでしょう。ウオーキングは脳を活性化します。

「元気でいたら何でもできるよ」会社を辞めて独立に踏み切るときに言ってくれた妻の言葉です。今も心に刻まれています。元気さえ失わなければ道は開けます。

成功者は当たり前のことができる凡事徹底

成功している人は、表向き派手に見えても実は地道にこつこつ努力できる人です。約束を守る、時間に遅れない、お礼のあいさつをする……どれも当たり前のことですが、こうした基本がきちんとできる人です。

「本当に並外れた人々など、この業界にはいません。並外れた夢を見て、並外れた業績に向けて自分自身を律することができる、普通の人々がいるだけです」

これは、ある世界一の保険営業マンの言葉です。これを凡事徹底といいます。

「当たり前のことを当たり前にやるのではなく、当たり前のことを人にはまねできないほど一生懸命やる」という意味です。**A当たり前のことを、Bバカにせずに、Cちゃんとやる。成功者はみんなABCで凡事徹底**をしています。

毎日をしっかり過ごすこと

起業は人生の舵取りをするための手段でしかありません。これからの人生をどうしたいかがまず先にありきです。でも自分なりのビジョンを立てても、いつの間にか忘れてしまいます。

お正月に立てた目標が1週間も経たないうちにどこかに消えてしまった経験を一度はしたことがあるでしょう。毎日をどう過ごしていくか。それが人生をどう生きるかということにつながります。日々の小さな行いが積み重なってやがて大きな実になっていく。毎日を一生懸命に生きる。行き着くところ、それしかありません。

起業して間もないころ、メンバーと月に2回、定例で集まっていました。自分の活動を共有したり、お互いのビジネスがよくなるよう知恵を出し合ったり、どうしたら売り上げをつくることができるかブレストを繰り返したりしていました。

「こういうイベントを企画して実践した」「こんな成果があった」「これから先、こういう世界をつくっていきたい」

彼らの発言は前進あるのみ。「これからどうしよう」などの悩みはほとんどなく、走りながら実行している話ばかりでした。ミーティング中はいつも、部屋は熱い空気に包まれていました。

そんな彼らも、実は起業前はなかなか決断できず、優柔不断な言動が目についたものです。よどんだ表情をして「これからどうしたらいいんだろう……」と悩む姿をよく目にしました。ところが起業後は正反対で、その爆発的な行動力に脱帽するばかり。何がそうさせているのでしょう?

自分が好きで選んだ道だから、やるしかないというシンプルな感情。そして情熱が傾けられることに注力しているからワクワクしているのです。会社員時代は意にそぐわないことをやり、自分らしさを感じることもなく過ごしてきた人たちが、解放された感覚です。

もちろん、不安もあるはず。いや、不安だらけです。特に収入の問題は誰の目の前にも立ちはだかる大きな壁です。そんな不安を「どうしよう」と考えている暇もないほど動き回っていました。**「好きなこと、情熱がかけられることをやって、自分の本当の人生を取り戻そうよ」「会社員時代の１００倍、豊かな毎日を送ろうよ」**。そんな思いを行動で代弁してくれているようでした。

僕自身も10年間、自分でシゴトをする中で「先が見えない。もうダメかも……」と何度も思い、落ち込んだときもあります。そのたびごとに、考えをリセットしてくれた言葉が**「ケセラセラ（なるようになるさ）」**です。

人生には良いことも悪いこともあります。悪いことの後には、必ず良いことがやってきます。肝心なのは、目の前のやるべきことに注力すること。今すぐできることは何かを考え、可能な限り動いてみると、「なるようになる」のです。

そして、この**行動を続けていくと「何とかなる」ではなく「何とかする」**ことにつながります。なるようになるさ、ケセラセラ。この心持ちはかなり重要です。

自分のやりたいことを自分がやりたいように目いっぱいやる。起業初期はとにかく走り続け、思ったことをすぐやってみる。あきらめずにずっとやり続けるしかありません。行動の先には今まで経験したことがないような景色が待っています。

そんな景色を一緒に見に行きましょう。

第7章の
まとめ

◎「複業収入が給料を上回ったら起業する」と考える人は、なかなか決断できない

◎「いつ、スタートするか」という期限を切って実行に移す

◎起業後の一番の不安は「お金」

◎事業の収入だけでなく家計とセットで考える

◎最初から「会社」「事務所」「従業員」は必要ない

◎事業収入は3階建てで考える

①「ワクワク・やりたいこと・熱量が上がること」（LOVE WORK）

②これまでの経験から「できること」（LIKE WORK）

③「当面生計を立てること」（RICE WORK）

◎定期収入が見込めるシゴトのモデルをつくっておく

◎無駄なコストは抑えつつ、自己投資にはきちんとお金をかけていく

◎独立後は家族の支えも必要なので理解してもらえるようきちんと話す

◎月に1回は何も予定を入れずに自分を振り返る日をつくる

◎「忙しい」という字は心を亡くすと書く。
シゴトに追われない自律的自由人を目指す

◎起業にあたって一番大切かつ注意しなければいけないのが「健康」

◎A当たり前のことを、Bバカにせずに、Cちゃんとやる
「ABC」ができるのが成功者

◎「先が見えない。もうダメかも……」というときこそ
「ケセラセラ（なるようになるさ）」と気楽に構え、目の前のことに集中する

おわりに

現在僕は、都内隣接の自宅オフィスと山のオフィスとで半々の生活をしています。山のオフィスは標高700メートルの場所にあります。インターネットを介してシゴトができる環境をつくっています。

パソコン一台とネットさえあれば、ホームページやユーチューブを更新することもできますし、メールマガジンを書いて配信することもできます。お客様との打ち合わせは、ウェブ会議システムを使っています。

通常のシゴトは山の中にいても、何ら支障なく行うことができるわけです。

遊びとシゴトの垣根をなくす理想的な働き方

山のオフィスでは、ログハウスの隣に小屋を建てました。山の中で小屋づくりなんていうと遊びみたいに思うかもしれませんが、僕にとってはちゃんとしたシゴトの一環です。運営している宿泊型ログハウスをサポートするための施設として、小屋づくりを始めました。

とはいえ、それまで小屋づくりはおろか、DIYの経験などありませんでした。まずは倉庫を建てて練習しようと、雑誌や書籍を買い込んで、見よう見まねからのスタートでした。

材料は少しでも費用を節約するために、知り合いから廃材を譲ってもらいました。倉庫づくりを経験してから、本格的に小屋づくりに着手したわけです。

一見遊びに見えることをシゴトとして一生懸命やること。小屋づくりは一例ですが、毎日はこんなふうに動いていて、以前から描いていた理想的な働き方に少し近づいた感じがしています。

遊びとシゴトの垣根をなくす。場所を選ばずどこでもシゴトができる環境をつくる。まさにそんな時代がやってきています。「自分でシゴトをつくる」と今まで見えなかった景色を見ることができます。会社の仕事も近い将来そうならないと意味がないと考えています。

自分サイズのしあわせを見つけるシゴトづくり

僕は「焚き火コミュニケーション」という事業もやっています。焚き火には不思議な力があります。焚き火を囲むと素の自分、その人の人となりが自然と湧き出てきます。火の力は太古の人間のDNAにつながるものなのかもしれません。

現代社会は忙しい毎日に追われています。立場やしがらみがあって、別の自分を演じることもしばしばあります。そんな毎日を送っていると、いつの間にか本来の自分を見失っていきます。「本当の自分を取り戻してもらいたい」「原点に立ち返ってほしい」。そんな思いで、焚き火の場づくりをしています。

シゴトづくりも同じです。自ら働き方をつくることで、本当の自分に戻ってもらいたい、そう思っています。地位や名声を得ることもいいかもしれません。でもそうしたものには、どこか無理があって、本来の自分ではないと感じます。

無理して強がって生きていたら、どこかで歪みが出てきます。大切なことは**「自然体で生きていける」**ことです。いつもありのままの自分でいられる。そんな生き方をする人が増えていってほしい、いつもそう感じています。

ゴールは「自分サイズのしあわせ」。

しあわせのサイズは人によって違います。あなたのサイズに合わせたしあわせを手に入れるために働き方を変えていきましょう。小さな一歩が今後の人生を大きく変えていきます。そんな一歩を応援しています。

末筆になりましたが、ナツメ出版企画の原智宏さん、エディ・ワンの山下隆さんには、僕の散らかった文章を読みやすく、わかりやすく整理していただき、心より御礼申し上げます。またこうして元気にシゴトができる支えになってくれている家族にも感謝します。

著者

三宅哲之《みやけてつゆき》 **働き方多様化コンサルタント**

大手家電販社にて100人の全国プロジェクト、2000店舗の商売の仕組みづくりなどに従事、幹部候補生に抜擢されるも、公式の場でCEOに直言、一転してサラリーマン失格人生へ。その後ベンチャー立ち上げに転じ、倒産、失業を経て46歳で独立。10年で2000人の働き方にモヤモヤを抱えるビジネスマンと向き合う。働き方の多様化を実践するコミュニティ門下生は500人強。山と町を行き来する二拠点リモートワーク・スタイルの毎日を送る。

https://faincu.net
contact@faincu.net

本文デザイン・DTP 田中小百合（osuzudesign）
校正 聚珍社
編集協力 山下隆（エディ・ワン）
編集担当 原智宏（ナツメ出版企画）

自宅《じたく》ではじめるひとりビジネス

2020年10月 1日 初版発行

著 者 三宅哲之《みやけてつゆき》
発行者 田村正隆

発行所 株式会社ナツメ社
東京都千代田区神田神保町1-52 ナツメ社ビル1F（〒101-0051）
電話 03（3291）1257（代表） FAX 03（3291）5761
振替 00130-1-58661
制 作 ナツメ出版企画株式会社
東京都千代田区神田神保町1-52 ナツメ社ビル3F（〒101-0051）
電話 03（3295）3921（代表）
印刷所 ラン印刷社

ISBN978-4-8163-6868-4 Printed in Japan

本書に関するお問い合わせは、上記、ナツメ出版企画株式会社までお願いいたします。

＜定価はカバーに表示してあります＞＜落丁・乱丁本はお取り替えします＞